山 楂 樹

林 明 理 著

文 史 哲 詩 叢

文史哲出版社印行

國家圖書館出版品預行編目資料

山楂樹 / 林明理著 -- 初版 -- 臺北市：文史
哲,民 100.07
　　頁；　公分（文史哲詩叢；98）
　ISBN 978-957-549-975-4（平裝）

851.486　　　　　　　　　　100013455

文 史 哲 詩 叢　98

山　楂　樹

著　　　者：林　　　明　　　理
出 版 者：文　史　哲　出　版　社
　　　　http://www.lapen.com.tw
　　　　e-mail：lapen@ms74.hinet.net
登記證字號：行政院新聞局版臺業字五三三七號
發 行 人：彭　　　正　　　雄
發 行 所：文　史　哲　出　版　社
印 刷 者：文　史　哲　出　版　社
　　　　臺北市羅斯福路一段七十二巷四號
　　　　郵政劃撥帳號：一六一八○一七五
　　　　電話886-2-23511028・傳真886-2-23965656

定價新臺幣四二○元

中 華 民 國 一 百 年（2011）八 月 初 版

ISBN 978-957-549-975-4　　08898

山　楂　樹

目　　次

風中的歌者（序）……………………………綠　蒂………9

用細膩靈敏的感覺擁抱大自然 —— 序《山楂樹》… 吳開晉……11

春已歸去…………………………………………15

樹林入口（附：英譯）…………………………16

曾　經（附：英譯）……………………………18

想念的季節………………………………………20

寒風吹起…………………………………………21

夏　荷（附：英譯）……………………………22

牧羊女的晚禱……………………………………24

霧…………………………………………………26

春風，流在百草上………………………………27

每當黃昏飄進窗口………………………………28

小　雨……………………………………………29

晚　秋……………………………………………30

星　河……………………………………………31

末日地窖…………………………………………32

四月的夜風………………………………………34

莫拉克颱風………………………………………35

雨　夜（附：英譯）··36

七　月··38

瓶中信··39

金池塘（附：英譯）··40

雲淡了，風清了···42

崖邊的流雲··43

夜　祭 —— 紀念小林村夜祭而作·······························44

流星雨（附：英譯）··46

拂曉之前··48

原鄉 —— 詠六堆···49

傾聽大海··50

聽　雨··52

春　草··53

北埔夜歌··54

稻草人··56

夜　思··57

光　點（附：英譯）··58

今夜，我走入一星燈火···60

貓尾花··61

流　螢··62

在我的眼睛深處···63

十月秋雨（附：英譯）··64

大冠鷲的天空··66

夜　航··68

海上的中秋··69

傳　說··70

夜，溜過原野 …………………………………………… 71

在瀟瀟的雪夜 …………………………………………… 72

等候黎明 ………………………………………………… 73

秋　暮 …………………………………………………… 74

在那星星上 ……………………………………………… 75

凝 ………………………………………………………… 76

淵　泉 …………………………………………………… 77

愛是一種光亮 …………………………………………… 78

縱然剎那 ………………………………………………… 79

月森林 …………………………………………………… 80

寒　梅 …………………………………………………… 81

所謂永恆（附：英譯）………………………………… 82

暮　煙 …………………………………………………… 84

渡　口 …………………………………………………… 85

青藤花 …………………………………………………… 86

橄欖花 …………………………………………………… 87

在初冬湖濱 ……………………………………………… 88

雲　豹 …………………………………………………… 90

往　事 …………………………………………………… 91

風雨之後 ………………………………………………… 92

靜寂的黃昏 ……………………………………………… 94

萊斯河向晚 ……………………………………………… 95

浪　花 …………………………………………………… 96

光之湖 …………………………………………………… 97

初冬一個訪客 …………………………………………… 98

雨　影 …………………………………………………… 99

牧　歸 ………………………………… 100

聲音在瓦礫裡化成泣雪 ……………… 102

木框上的盆花 ………………………… 103

在邊城 ………………………………… 104

回到從前 ……………………………… 105

二〇〇九年冬天 ……………………… 106

行經河深處 …………………………… 107

默　喚 ………………………………… 108

風吹來的時候 ………………………… 109

黑鷹之歌 ……………………………… 110

懷　舊 ………………………………… 111

秋日的港灣 …………………………… 112

夜　櫻 ………………………………… 113

秋　復 ………………………………… 114

山間小路 ……………………………… 115

黃昏是繆斯沉默的眼神 …………… 116

在我深深的足跡上 …………………… 117

密　林 ………………………………… 118

懷　鄉 ………………………………… 119

在黑暗的平野上 ……………………… 120

藍色的眼淚 …………………………… 121

回憶的沙漏 …………………………… 122

岸畔之樹 ……………………………… 123

偶然的佇足 …………………………… 124

流動中的靜謐 ………………………… 125

因為愛 ………………………………… 126

靜　海………………………………………………………127

一切都在理性的掌握中……………………………………128

螢光與飛蟲…………………………………………………130

月　光………………………………………………………131

露珠兒………………………………………………………132

過　客………………………………………………………133

山楂樹………………………………………………………134

綠淵潭………………………………………………………135

在山丘的彼方………………………………………………136

海　祭………………………………………………………137

夜之聲………………………………………………………138

午　夜………………………………………………………139

細密的雨聲…………………………………………………140

岸　畔………………………………………………………141

在雕刻室裡…………………………………………………142

在交織與遺落之間…………………………………………143

兩岸青山連天碧 ── 陪海基會走過二十年感時…………144

畫中花………………………………………………………146

林中小徑的黃昏……………………………………………147

禪　月………………………………………………………148

遙寄商禽……………………………………………………149

笛在深山中…………………………………………………150

當時間與地點都變了………………………………………151

剎　那………………………………………………………152

丁香花開……………………………………………………153

遲來的春天…………………………………………………154

山　問 ……………………………………………… 155

寒　松 ……………………………………………… 156

冬盡之後 …………………………………………… 157

長　巷 ……………………………………………… 158

水　蓮 ……………………………………………… 159

坐　覺 ……………………………………………… 160

我不嘆息、注視和嚮往 …………………………… 161

青　煙 ……………………………………………… 162

剪　影 一 …………………………………………… 163

剪　影 二 …………………………………………… 164

畜欄的空洞聲 …………………………………… 165

煙　雲 ……………………………………………… 166

愛的禮讚 …………………………………………… 167

破曉時分 …………………………………………… 168

塵　緣 ……………………………………………… 169

春日的玉山 ………………………………………… 170

記　夢 ……………………………………………… 172

行經木棧道 ………………………………………… 173

紗帽山秋林 ………………………………………… 174

枷　鎖 ……………………………………………… 176

影子灑落愛丁堡上 ………………………………… 177

清雨塘 ……………………………………………… 178

北極星 ……………………………………………… 179

倒　影 ……………………………………………… 180

瑪家鄉的天空 ……………………………………… 181

雨　意 ……………………………………………… 182

傾聽紅松籽飄落 …………………………………… 183

在清靜的茵綠裡 …………………………………… 184

山桐花開時 ………………………………………… 186

望　海 ……………………………………………… 188

山　茶 ……………………………………………… 189

老　樹 ……………………………………………… 190

西北雨 ……………………………………………… 192

九份黃昏 …………………………………………… 193

黑夜無法將妳的光和美拭去 ……………………… 194

愛無疆域 …………………………………………… 196

正月的融雪 ………………………………………… 198

又見寒食 …………………………………………… 199

讀　月 ……………………………………………… 200

北　風 ……………………………………………… 201

小　鴨 ……………………………………………… 202

獨　白 ……………………………………………… 203

穿　越 ……………………………………………… 204

回　憶 ……………………………………………… 205

可仍記得 …………………………………………… 206

無言的讚美 ………………………………………… 207

在秋山的頂上守候 ………………………………… 208

黎明時分 …………………………………………… 209

問　愛 ……………………………………………… 210

三義油桐花畔 ……………………………………… 211

憂　鬱 ……………………………………………… 212

雖已遠去 …………………………………………… 214

墨　竹 ………………………………………………………… 215

歲　晚 ………………………………………………………… 216

漁　隱 ………………………………………………………… 217

愛的實現 ……………………………………………………… 218

暮　鴉 ………………………………………………………… 219

燈　塔 ………………………………………………………… 220

致黃櫨樹 ……………………………………………………… 221

一棵雨中行的蕨樹 …………………………………………… 222

在霧掩的絕頂上，我醒著 …………………………………… 223

又是雨幕的清晨 ……………………………………………… 224

靜谷之憶 ……………………………………………………… 226

早霧 …………………………………………………………… 227

十月煙海 ……………………………………………………… 228

附錄一：古詩四首 …………………………………………… 229

附錄二：心靈與大自然相通 ………………………………… 231

附錄三：一支浪漫的笛琴 —— 讀林明理的詩 ……………… 233

附錄四：詩情畫意的天籟清音 ……………………………… 236

附錄五：作者近四年來文學作品目錄 ……………………… 240

後　記 ………………………………………………………… 244

風中的歌者

　　女詩人林明理是一位熱情又純真的老師，在大學時教授「憲法」及「國父思想」等課程，因病而提前離職，現在則專心從事於文學創作。四年多來，她相繼地出版了詩集及評論，像她的文章一樣，不粉飾矯情、有思想，也有感情。我認為，詩是心靈最美麗的語言，寫詩的人以精美而簡練的文字表達心中的感覺，讓讀者能分享他的感受。人的天性都是喜好自由的，在現實社會中難免會遇到種種限制與禁忌，而詩是可以使心靈自由地展翅及釋放。林明理的詩思敏捷，在《山楂樹》180 多首詩裡，既有對自然的讚頌、也有其浪漫的謳歌，構思精巧，意象清靈，頗能動人心弦。有首詩〈曾經〉令人印象深刻：

　　　你輕俏得似掠過細石的
　　　小溪，似水塘底白霧，揉縮
　　　隨我步向籬柵探尋你的澄碧
　　　我卻驟然顛覆了時空
　　　熟悉你的每一次巧合

　　　你微笑像幅半完成的畫
　　　淨潔是你的幾筆刻劃，無羈無求
　　　那青松的頌讚，風的吟遊：
　　　誰能於萬籟之中盈盈閃動？每當
　　　黃昏靠近窗口

> 今夜你佇立木橋
> 你的夢想，你的執著與徬徨
> 徬徨使人擔憂
> 惟有星星拖曳著背影，而小雨也
> 悄悄地貼近我的額頭

　　詩人把"掠過細石的小溪"和"水塘底白霧"這兩個意象並置在一起，就會使讀者將二者疊合起來感受，從而產生思念的臉像水一樣澄碧。詩情濃鬱和樸實的語言，不刻意的音韻，讀起來順口。感情的直抒化為意象的轉達，詩句柔情似水、輕輕蕩漾。而貼切的比喻「你微笑像幅半完成的畫」，使得詩文活潑生動。「我卻驟然顛覆了時空/熟悉你的每一次巧合」，對詩人來說，回憶是一種情緒，它總在黃昏靠近窗口時不期而至；懷舊更是一種無言的惆悵。詩人對愛情或者是寫作都有著精神上的追求和堅持。然而，也就是這份堅持的決心和穩實的腳步，可以見出詩人藝術的功力。

　　林明理寫詩、繪畫，也勤寫詩評。她以靈動的意象語言坦現出她的內心世界，文字真實又鋪排得恰到好處。最近聽她提起，也發表作品於中國的文學院各學報、作協刊物及臺灣省《全國新書資訊月刊》等重要的刊物及報紙，在海峽兩岸間逐漸受到詩壇的矚目。這也許是她新詩道路的起點，但已展現了"一位充滿新鮮活力"的詩人本色。讓我們期待她有更豐盈的作品，我也深信她會有更上層樓的展現。

2011.06.29

用細膩靈敏的感覺擁抱大自然
—— 序《山楂樹》

前山東大學文學院　吳開晉院長

　　由於在網上給女詩人、畫家林明理老師回發了一組俄羅斯"山楂樹之歌"的音樂風光片，卻激發了她的靈感，不但寫出一首首有濃濃詩情畫意的抒情短詩，而且把即將出版的詩集命名為《山楂樹》，並請我作序，欣喜之餘，只好命筆。

　　明理是有才華的詩人，她對大自然的感覺特別細膩靈敏，一花一草，江河湖泊，星月風雲，皆在她的筆下展現出多姿多色的風貌，如首篇《樹林入口》：

　　　時間是水塘交替的光影
　　　它的沉默浸滿了我的瞳仁
　　　雨中沖出凹陷的泥地
　　　在承接暗藍的蒼穹
　　　一隻小彎嘴畫眉
　　　正叼走最後一顆晨星
　　　……

這真是一幅美妙的水彩畫。她把抽象的時間形體化,寫出了天光水影的連接,特別是"一隻小彎嘴畫眉/正叼走最後一顆晨星"二句,把晨星的消失寫成是早起的"彎嘴小畫眉"叼走,非常傳神,語言富有質感。

可能她具有通感的本能,《每當黃昏飄進窗口》中又寫道:

> 常青藤種子酣睡
> 松樹的氣味總是
> 穿墻破隙
> 刺亂我的衣袖
> 尤其在夜裏和融雪之後

作者不但感覺到"常青藤種子酣睡",而且把嗅覺(松針的氣味)變爲觸覺和視覺(穿墻破隙／刺亂我的衣袖),讓人感到自然界植物中的勃勃生機。還有一首《雨夜》,把雨露寫成是有長腳的,又用千萬個細細的點兒,踩遍壘石的小徑,給人帶來孤寂,也是一種細膩感覺的展現。《所謂永恆》中,又把春天的到來寫成是"一枝綠柳銜來一個春天",也是作者獨特的感受。

爲了把大自然中的形形色色的景物表現得更加生動可感,作者還常選用一些發出奇想的比喻,如《流星雨》,只三行:

> 你是一把散滿霜風的
> 北望的弓,那嗖嗖的箭
> 射下,簾外泣零的雪

把流星雨比喻爲散滿霜風的弓和射出的嗖嗖的箭,一下子把讀者帶入浩瀚的蒼穹。

　　詩的本質本是抒情的，但如離開具體的物象，就會叫人感到抽象乾巴。明理不但直接去描繪大自然中各種物象的千變萬化，而且在直抒胸臆的篇章中也把情思融於美麗多彩的意象中。如《想念的季節》即是：

　　　　飛吧，
　　　　三月的木棉，
　　　　哭紅了春天的眼睛。

　　　　飛吧，
　　　　風箏載著同一張笑臉，
　　　　心卻緊緊抓住了線。

　　　　飛吧，
　　　　楓葉輕落溪底，
　　　　行腳已沒有風塵。

　　　　飛吧，
　　　　我們都把心門打開，
　　　　讓光明的窗照射進來。

　　　　飛吧，
　　　　螢火蟲，
　　　　藏進滿天星，我是
　　　　沉默的夜。

詩人把自己的思念之情化入木棉、風箏、楓葉和螢火蟲，最後在渴望光明（想念的人到來）中成爲“沉默的夜”（人未來），仍是無盡的思念。從中可見明理融情於物的功力是很強的。

　　林明理的新詩集即將問世，今後期能寫出更多好詩來以饗讀者。

2011 年 5 月 28 日於北京

2006 年 4 月攝於濟南陽光舜城

春已歸去

不知不覺間
托著嫩綠帶毛的小桃子
又一次，向我訴說著
一種心事

蕭蕭沙沙
麥子枯黃了
榆樹的殘花停留在四月
風總是微微的
甜甜的吹
時時送來的布穀鳥的叫聲
也沒有變

春已遠去
籬笆外包圍著
一塊古老的桑田
荷葉一片二片……
浮泛在水面
而陽光正好暖和
向牆上雨痕悄然走過

—— 2009.04.04 作
—— 臺灣《人間福報》刊登詩畫 2010.5.20
—— 香港《圓桌》詩刊，總第 26 期，2009.09 月

樹林入口

時間是水塘交替的光影
它的沉默浸滿了我的瞳仁
雨沖出凹陷的泥地
在承接暗藍的蒼穹
一隻小彎嘴畫眉
正叼走最後一顆晨星

呵四季從不懂謊言
就像我的心啊
披滿十一月秋天
除了想你已無處躲藏
當太陽掠過樺樹上端
索性把思念變成一條小溪
讓重疊的濃綠時時潺潺鳴響

—— 2009.09.14 作
—— 原載台灣《創世紀》詩雜誌，第 161 期，2009.12 月冬季號
—— 轉載山東省作協主辦《新世紀文學選刊》2010.03

The Entrance Of The Forest

── Lin Ming-li

Time is the alternated light shadow of the pool
It silently soaked through my pupils
The rain water rushed out the muddy cupped land
To meet the far reaches of the dark blue horizon
A little throstle with crooked beak
Is picking away the last star at dawn

Oh, the seasons will never tell the lie
It just like my heart
Is filled with the odor of autumn in October
Nowhere to hide except to miss you
When the sun swept past the top of the birch
Willfully I turn the missing into the brook
Let the overlapped dark green echo the rill all the time
（Translated by Wu Jun）

譯者：吳鈞教授，1955 年生，山東沾化人。
現任山東大學外國語學院教授，文學博士

曾　經

你輕俏得似掠過細石的
小溪，似水塘底白霧，揉縮
隨我步向籬柵探尋你的澄碧
我卻驟然顛覆了時空
熟悉你的每一次巧合

你微笑像幅半完成的畫
淨潔是你的幾筆刻劃，無羈無求
那青松的頌讚，風的吟遊：
誰能於萬籟之中盈盈閃動？每當
黃昏靠近窗口

今夜你佇立木橋
你的夢想，你的執著與彷徨
彷徨使人擔憂
惟有星星拖曳著背影，而小雨也
悄悄地貼近我的額頭

—— 2009.08.30 作
—— 原載臺灣《創世紀》詩雜誌，第 161 期，2009.12 月冬季號
—— 轉載山東省作協主辦《新世紀文學選刊》2010.03

Once

── Lin Ming-li Aug. 30,2009

You are brisk and elegant to sweep the scree
Like the rill, like the fog of the pool, rolled and shrunk
Follow me to the hedge exploring your green and bright
I want to flare up to overturn the time and space
To be familiar with every coincidence of yours

Your smile like a half -done picture
A few strokes make your pureness, fetterless and free
Pine tree's songs and wind' s travel and chants:
Who will twinkle limpidly among the noises? Whenever
The dusk is near the window

Tonight you stand on the wooden bridge
Your dream, your persistence and hesitance
Hesitance makes me worry
Only the stars daggle the shadow of your back, drizzling
Quietly soaked my forehead
（Translated by Wu Jun）

── 刊美國《poems of the world》2011.春季號

想念的季節

飛吧，
三月的木棉，
哭紅了春天的眼睛。

飛吧，
風箏載著同一張笑臉，
心卻緊緊地抓住了線。

飛吧，
楓葉輕落溪底，
行腳已沒有風塵。

飛吧，
我們都把心門打開，
讓光明的窗照射進來。

飛吧，
螢火蟲，
藏進滿天星，我是
沉默的夜。

　　── 2008.11.12 作
　　── 新疆期刊獎獲獎期刊《綠風》詩刊，總第 183 期，2009.第 3 期
　　── 臺灣《人間福報》2010.3.31 刊登詩畫

寒風吹起

鬱鬱的，冬在怯怯萌芽
遠處幾聲犬號，擊破四周靜默
請聽，風的狂野曲調
草原都迷失在初雪中
在清曠的夜色
我想吟哦

浮光底下
多少尋尋覓覓的憧憬
恍然清醒
無聲的落入大海
波瀾也不起了
這鴻飛如旅人的，那裏來的
江南之雪喲

你或已忘記？請聽風在舞踴
當一切都靜止下來，卻盡夠使
我感到清寒，那無數的
瞬間，織就成綿密的鄉愁
向澄瀅的明月，羣山紛紛白頭

—— 2008.12.01 作
—— 中國 全國中文核心期刊，山東省優秀期刊
《時代文學》2009.02 月

夏　荷

帶著一種堅強的溫柔
從西湖中凝望
這個風月無邊的
琉璃世界

是翠鳥兒？還是岸柳拂袖
遊魚也永不疲乏的
簇擁向我

那亭台之月，悄悄披上煙霧
來看流水
就是看不盡
一絲凜然的
荷影
夜的帷幕裏的光點

—— 2008.11.27 作
—— 原載台灣《笠》詩刊，第 271 期，2009.06.15
—— 刊登美國〈poems of the world〉《世界的詩》2010 夏季號
　　秋季號／收錄 30 屆世詩會《2010 世界詩選》

Summer Lotus

Poet: Lin Mingli
Translator: Wu Jun

With gentle firmness
Sneering from the Lake West
At the endless view of
The muddy pool of
The glazed world

Is it a kingfisher
Or the floating willow on the bank
Or the tireless fish
Clustering onward

The moon above the pavilion
Quietly hiding in the cloud
Come to see the gliding water
And the most charming and brave
The graceful shadow of lotus
Like bright stars twinkling in the dark

牧羊女的晚禱

鐘聲終於開始響了
女孩陷入沉思
從那雷雨進入尾聲的
深紫色天光
在霧般的雲朵下
傳來了天使的回音

是否我能
像這青草一般
依偎在森林的身旁？

怎樣我才能
守護沉睡中的綿羊？

虹的片刻安慰
嫩芽的相迎
還有那老樹
都伸出懷抱 ——
只有風的土氣和笨拙
帶回的訊息

干擾了我
透過這夜
這個仲夏的
晚禱

—— 2008.07.20 作
—— 中國　全國中文核心期刊山東省優秀
　　期刊《時代文學》2009.02 月
—— 收錄書《詩藝浩瀚》2009.06 出版

霧

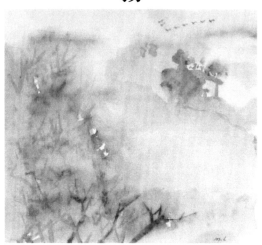

在故鄉紅石崗的坡上
牽出了
我家老山羊匾在銀月裡玩

夢見了
那是辣子，或是包穀
門檻還有許多菜香

阿公背我
為我淌汗
而我滿心歡喜
因為金星星繡滿了我紅搖籃

—— 2009.12.24 作
—— 臺灣《乾坤》詩刊 2010.04 夏季號第 54 期

春風，流在百草上

如果妳在獨自歸來的小路
偶然低首
只這一瞬間
我也會在樹旁
用彩蝶的青綠紅黃
跟著紫花飛舞起來

直到樹影倒在籬笆上
讓妳輕輕地拍著湖水
重新拂動 ——
妳比青青的柳絲還要瀟灑
比一方小石還要潔淨
而枝上的雀兒
也唱出我們心中的歌

如果妳在獨自歸來的小路
趁著紅雲還在天邊
我也在靜睡的
小樹下哼著
等妳轉身
我已消失在
遠天的暮色

—— 2009.01.17 作
—— 新疆省《綠風》詩刊 2009.第 3 期，總第 183 期

每當黃昏飄進窗口……

常青藤種子開始酣睡
松針的氣味總是
穿牆破隙
刺亂我的衫袖……
尤其在夜裡與融雪之後

儘管它們就在屋外的彎路
離我只有咫尺之隔
我還是喜歡偷偷地眺望
恣意的松鼠到處採擷
遺落的毬果

當我腳底裹上驚奇並浸染
枝頭的木香
四野的生物彷彿重新敞開
一種香甜而富饒的感覺
如同被石壁的回音所彈奏

它像崖邊的流雲般孤獨
也像古老的豎琴那樣沉碧
每當黃昏飄進我的窗口……
我將松針藏在那
苦澀的地土之中

—— 2009.11.01 作
—— 山東省作協主辦《新世紀文學選刊》2010.03 期

小　雨

悄悄的回來了
似老僧入了定似的
閉目，一句也不說

偶爾
走在椅徑間彎著背
再停步，幾株薔薇竟熱望地開著
那一小撮的紅 ——
那是微笑的影子
掩映著她的臉如波鱗般的光

轉瞬間
只剩老樹叢上的行雲
低眉淺笑著，是小雨還是松風
老是吹我入兒時久遊的夢

—— 2009.01.29 作
—— 原載臺灣《笠》詩刊，第 271 期，2009.06.15
—— 轉載河北省《詩選刊》2010.第 4 期

晚　秋

在一片濃綠的陡坡
白光之下和風，把高地漸漸吹著。
妳回首望，淡淡的長裙
弄散滿地丁香。

我看見
花瓣掉落山城垂楊
晨霧漸失。雲雀
驚動了松果，妳淺淺一笑
彷彿世界揚起了一陣笙歌，
而笙歌在妳的四周
有無法不感到讚歎的奇趣。

今夜，
月已悄默，
只要用心端詳
石階草露也凝重
妳離去的背影催我斷腸
就像秋葉搖搖欲墜
又怎抵擋得住急驟的風？

—— 2009.03.14 作
—— 原載臺灣《秋水》詩刊，第 143 期，2009.10 月

星　河

你是否來自那不變的七星潭
夜這般空明，草海桐目光澹澹
八月，波賽頓啊，讓林投之雀
在那聽雨於空谷的棲地
在那北岸的砂原後方
為黑潮的子民輕唱
有誰記得海階或碧崖
望盡雲路的傷感
任憑你來時如風浩浩
歸去又怎堪笑對故鄉

── 2009.08.27 作
── 原載臺灣中國文藝協會會刊《文學人》
　　2009.10 冬季號
──〈山東省作協主辦《新世紀文學選刊》
　　2009.文學筆會作品選一等獎〉
── 中國《羊城晚報》2009.10.15
── 中國天津市作協主辦《天津文學》2010.01
── 中國遼寧省瀋陽市一級期刊《詩潮》
　　總第 162 期，2009.12

末日地窖

北極荒野上
那一片巨大冰堤
已消融了……
在繁星下悄然凝立的

幾座石山
和這一片枯林
都側耳傾聽
落葉窸窣的聲響

黑暗裏傳來野鳥
棲落架起的天梯
每朵雲，每顆星
每一個生物
香的花果，樹洞裏的蟲
都哼不出古老的歌謠……

鯨魚
被裂縫中的冰
一塊塊溶解

噴湧出一圈圈
內心的淚

北極熊的天空
變大了許多

望不到岸的
灰藍的淚海裏
只有浪花在沙灘
撿起
一顆與島嶼相連的
蚌殼

—— 2009.10.21 作
——〈原載臺灣《乾坤》詩刊，第 52 期，2009 冬季號〉

四月的夜風

悠悠地，略過松梢
充滿甜眠和光，把地土慢慢蘇復
光浮漾起海的蒼冥
我踱著步。水聲如雷似的
切斷夜的偷襲

我聽見
野鳩輕輕地低喚，與
唧唧的蟲兒密約
古藤下，我開始想起
去年春天。妳側著頭
回眸望一回，妳是凝，是碧翠
是一莖清而不寒的睡蓮！

這時刻，林裏。林外
星子不再窺視於南窗
而我豁然瞭解：
曾經有絲絲的雨，水波拍岸
在採石山前的路上⋯

── 2009.04.08 作
── 中國遼寧省瀋陽市一級期刊《詩潮》，總第 162 期，2009.12
── 新疆《綠風》詩刊 2010.05 第 3 期，總第 189 期
── 山東省作協主辦《新世紀文學選刊》2010.03
── 臺灣《人間福報》副刊 2010.4.19

莫拉克颱風

鬼哭神號
高舉著一盞不發光的燈
四處掠奪
是誰？
掩蓋著每一次戰慄
守望著黎明前的每一粒閃爍

當幽咽的流籠
回望古老的部落
一個啞默的小孩
緊緊拉住母親的手
記者追問：
你們需要什麼？

同是這樣的夜晚
卻是不一樣的天空
她，流著淚
用手指那湧向屋內的水
我們什麼也沒有了

風，正伏在外頭 ──

── 2009.08.08 莫拉克颱風夜作
── 原載臺灣《文學台灣》季刊 2009 冬季號，第 72 期，
　　此刊榮獲行政院文化建設委員會補助出版。
── 轉載中國《天津文學》2010.01

雨　夜

夜路中，沒有
一點人聲也沒有燈影相隨。
在山樹底盡頭，眼所觸
都是清冷，撐起
一把藍綠的小傘，等妳。

雨露出它長腳般的足跡，
細點兒地踩遍了
壘石結成的小徑，讓我在沙泥中
心似流水般地孤寂。

我用寒衫披上了我的焦慮，
幾片落葉的微音，卻聽到
那連接無盡的秋風細雨
竟在四野黯黑中出現和我一樣的心急……

—— 2007.12 作
—— 英譯刊登美國〈poems of the world〉《世界的詩》2010 夏季號
　　秋季號／收錄 30 屆世詩會《2010 世界詩選》
—— 收錄中國詩歌藝術學會編，《詩藝浩瀚》書籍，
　　臺北：文史哲出版社，2009
—— 轉載 2009.06 香港《台港文學選刊》月刊 2008 第 9 期
—— 原載 2008.02 臺灣《笠》詩刊第 263 期，2008.02
—— 轉載山東省《新世紀文學選刊》2009.02
—— 轉載中國《黃河詩報》2009.06 第 5 期
—— 轉載山東《超然詩書畫》創刊號 2009.10.1

Rainy Night

Poet: Lin Mingli
Translator: Wu Jun

On the road into the night, no
Sound , no light shadow
Far away to the end of the trees on the hill,
Seeing all the coldness, holding
A small blue umbrella, wait for you

The rain tiptoed its long footsteps
Tiny steps and steps, trampling all around
The stony path, made me in the rough
Solitude of my heart flowing

I use my humble shirt to cover my care
The shivering leaves fall, desire to hear
The endless autumn wind and drizzling rain
Beyond the gloomy wild with the same worry of me……

—— 刊登美國〈poems of the world〉《世界的詩》
2010 夏季號秋季號

七　月

我橫越過小溪，遠處是
一個映著虹彩的秋塘，
浸沐在雨後明淨的楊樹林
那細碎的苔草前端。

鐘聲緩緩地敲響飄散，
漫過逃離的黃昏；
一棵老樹陷入沉思，
記憶落進流蕩的月光。

我想為你寄書千里，
為你在群山旁隱伏的形象，
以它粗糙的真誠，
載著我和我苦痛的
北方多難的土地；

瞧，那捕捉我們目光的
是黎明前的短暫黑暗——
如果把愛重新點燃
我將再度激起淚水的榮光……

—— 刊登中國天津市作家協會主辦《天津文學》2010.01.

瓶中信

緊抱僅有的一線
希望，寄託波浪
她傳遞的使命，
支撐著夢想。

風霜的臉　佈滿了驟雨，
強忍著痛。
一座冰山　擋在她的胸口，
請求通航。

風知道她來自古老的故鄉
歷經萬險
只為一個不變的諾言，
像一個月亮。

　　—— 2008.01 作
　　—— 轉載中國　全國中文核心期刊，山東省優秀
　　　　期刊《時代文學》期刊 2009.02
　　—— 收錄 2008 年《臺灣文學年鑑》，彭瑞金編，
　　　　頁 119-121 詩五首之一
　　—— 轉載香港《台港文學選刊》，2008 年第 9 期
　　—— 轉載中國《黃河詩刊》2009 年總 5 期
　　—— 原載臺灣《葡萄園》詩刊，177 期，
　　　　2008.05 夏季號

金池塘

風在追問杳然的彩雲
遠近的飛燕在山林的
背影掠過

羞澀的石榴
醉人的囈語，出沒的白鵝
伴著垂柳戲波

秋塘月落
鏡面，掛住的
恰是妳帶雨的　明眸

　　── 2008.02.01 作
　　── 原載臺灣《笠》詩刊，第 265 期，2008.06
　　── 轉載香港《台港文學選刊》2008 年，第 9 期
　　── 轉載山東省《超然詩書畫》創刊號 2009.10.01

Golden Pond

Poet: Lin Mingli
Translator: Wu Jun

The wind is chasing the colorful clouds beyond
Far and near the shadows of the swallows
Passing by
The shy guava

The rorty raving, the hiding white goose
The weeping willows waves

The autumn pond and the falling moon
The mirror hanged
Your bright eyes with rain

—— 美國《poems of the world》預稿

雲淡了，風清了

把愛琴海上諸神泥塑成圓頂的鐘塔
回歸
寧靜

你看，那夕陽下的風車
天真地在海邊唱遊
那碧波的點點白帆
輕撫著客中的寂寞

啜著咖啡；青天
自淺紅
至深翠
沖淡濃潤的綠，白色的牆
耳際只有草底的鳴蟲
抑抑悲歌…

—— 2007.11.21 作
—— 原載臺灣《秋水》詩刊 137 期，2008.04
—— 臺灣《人間福報》2008.05.26
—— 安徽省文聯主管主辦，《安徽文學》2010 年.1-2 期
—— 北京市中國人民大學主辦《當代文萃》2010.04 期

崖邊的流雲

我飛涉了千年　盼過無數個冬
忽而想起了妳
在左岸的水面
凝諦野玫瑰似的雪
或者是尋找這夜的紅黑
那碧湖的眼睛
把時空遮攔起來
連白樺林都掩蓋了

直到岩壁上都留下風的見證
於是我再一次
飛涉千年
是追回細膩的道別
或者是焚燒這夜的紅黑
那碧湖的眼睛
眼睛也和陽光一樣忠實
在每絲雪裏都拂拭著一聲歎息

── 2009.07.04 作
── 原載台灣《笠》詩刊，第 274 期，2009.12
── 轉載山東省作協主辦 《新世紀文學選刊》2009.11
── 轉載 瀋陽市一級詩刊《詩潮》雜誌 2010 年 2 月號

夜　祭

—— 紀念小林村夜祭而作

祂的目光被那歌不盡的牽曲
纏得如此淒迷，儘管供桌上什麼也沒有。
祂好像只有簡單的致詞，
簡單的致詞後便沒有笑容過。

離去的時候馱著族人的重載，
重載在這極小的舞圈中倦偎，
彷彿燃燒的每一種平埔語言的火，
圍繞著一群群小黑羊回家。

聽，那聲聲相疊　激蕩四山 ——
這裡沒有刀光劍影，
有的只是回頭再看一眼
在棧道上化為塵煙。

—— 2009.08.16 作〈紀念小林村〈88 水災〉夜祭而作〉

附記：小林部落位於甲仙鄉東北方的小林村，1600 多名村民有 8
　　　成為平埔族西拉雅系大滿族人，守護神為番太祖、阿立祖
　　　或阿立母，供奉於公廨，每年農曆 9 月 15 日是部落「太祖
　　　夜祭」的日子。是平埔夜祭傳統祭儀的曲目之一，族人不
　　　分男女，不限人數，在太祖聖誕或開向夜祭時演出。

—— 台灣《文學台灣》季刊 2009 冬季號，第 72 期，
此刊榮獲行政院文化建設委員會補助出版。

流星雨

你是一把散滿霜風的
北望的弓，那颼颼的箭
射下　簾外泣零的雪

—— 2009.05.22 作
—— 台灣《創世紀》詩雜誌，第 162 期，2010.03 春季刊
—— 美國〈poems of the world〉《世界的詩》2010 冬季號

meteor shower

Poet: Lin Mingli
Translator: Wu Jun

Covered with frost and brought the wind
You , a north-directed bow
The whistling arrow
Shooting down
The sobbing snow outside the door

—— 美國《poems of the world》預稿

拂曉之前

沒一點雜色
林中
點點水光忽隱忽顯

鬱鬱杜松
孕出螞蟻的卵
隨荊棘聲愜意地伸長

一叢野當歸縮在樹牆旁幽坐
像是沉醉於
命運的遐想

　　—— 2010.02.30 作
　　—— 原載臺灣《文學台灣》季刊，2010.04 夏季號，第 74 期
　　—— 轉載新疆省《綠風》詩刊，2010.05.10 第 3 期，總第 189 期

原　鄉

── 詠六堆

吹綠了圍屋的風，你不再要四處流浪，
你已經停歇於忠義祠的肩胛，群星醒轉；
秋祭，空氣的寂靜等著你腳步到來，
我的雙眼便浮現了晶瑩的騰躍……

吹綠了柵門的風，堅韌且悠揚，
你已經熟悉於每一橫巷舊事的片斷；
夜晚，飽滿而平柔的月亮親吻城牆的時候
我的額頭便貼滿甜眠的榮光……

你是如此純淨，如此寬廣，又不經意地
出現，向著我的靈魂張望，
那可是你經過的金色的季節，敲響出
我最深邃的餘音和田園的吟唱？

── 2009.08.15 作
── 臺灣《笠》詩刊，第 277 期，2010.06.15
── 臺灣 中國文藝協會會刊《文學人》
　　2009.11 革新版，第 7 期
── 轉載武漢市第一大報《長江日報》2009.11.20
── 山東省作協主辦《新世紀文學選刊》2010.03

傾聽大海

一封寄自綠蠵龜，
用淚寫的關於冰原的信，
字字句句如礁島的喚聲，
像漂流的殘冰串起我激蕩的心靈。

深深的夜，還藏著你靈魂的孤獨，
這玻璃窗外的嘆息屬於誰？
我潛入黑暗找尋你 ── 微弱的昏光
可是你日夜傳遞的陰鬱？

誰讓你疲憊的身軀，留下
一次次蒼老的記號？
一灘灘的小湖泊是否也寫下
同樣的叫喊於世界？

在靜寂的灣流中，
在珊瑚的謳歌裡，
在沒有星光的桂樹旁，
你的足音　已傳來

總是瑟縮地向我召喚

總是永遠、永遠溫柔地
向著我在窗後 ── 哦，提燈而來
又匆匆走過。

── 2009.11.24 作
── 臺灣《笠》詩刊，第 277 期，2010.06.15

聽 雨

江行初雨，岸楓釀成了酒紅
穿梭的羣鹿回看秋林
褐兔一跳就停在草坡
從山石到竹葉
從小橋到花鳥
萬壑松風沙沙作響
不及用墨淡描一幅
長卷，靜聽雨打窗櫳
浪鼓一聲喚起的清音

―― 2009.06.01 作
―― 臺灣《秋水》詩刊第 142 期 2009.07
―― 刊登臺灣《人間福報》2009.10.22

春 草

小舟
一如萍藻遊魚
把明窗外的
小橋、亭台
新禾、梯田
都一同蕩漾
在一隻踽步的鷺鷥中
漸遠漸細的是富春江畔

輕風拂過，淺紅淡青
那粉牆黛瓦
隱於畔旁老樹一株
偶來砧杵聲
穿越山林
打起了呆然的回應
該如何想像如何放散而又彌望
竹花枝梗正在凝碧
而我已聽見了　流泉　浪翻

—— 2009.06.28 作
—— 臺灣《笠》詩刊，第 274 期，2009.12

北埔夜歌

水車舞弄的夜，
透明得像淚珠潮湧；
牌樓悵然，山芙蓉低吟：
九降風，很難盲從 ──
在幽微的義民祭，
誰的舊事比北埔更雋永？

我的先民，我的鄉夢，誰能
洗滌你眼底的真淳
並將兩個世紀的時空深烙於此刻？
以沿溪的花謝花開，
家廟前的雨正搖曳走過，
迎向巡禮的天燈的灼熱；

愛人啊，自從雙眸
不再許我隔世的輕愁，
在不乏堅毅的話語裡，
只對老街、小巷、為明天擁抱天空！
哪怕多少年後每一憶想
總在我耳邊放歌昇騰…

　　註 1.義民祭：每年農曆七月二十日，新埔義民廟普渡祭典，前後共舉行三天，由七月十八日下午的豎燈篙揭開序幕。

　　註 2.九降風：每年的 9 至 12 月是新竹風速最強勁的時候，主要是受季風及地形影響，而俗稱九降風不但是新竹米粉及柿餅天然乾燥素材，同時也是其他縣市無法製造出同品質的原因。

── 2009.09.18 作
── 原載台灣中國文藝協會會刊《文學人》季刊，
　　2009 年 11 月冬季號
── 轉載山東省作協主辦《新世紀文學選刊》2010.03

稻草人

在雲遮紅日的天穹
我輕旋窺看，
嘟嘟嚷嚷，於晨星隱退時
出現了你雙眼溫情的模樣
那是我的思想、我的蔚藍，我的海洋；

悄然的，是十裏的露珠
屏住了呼吸
跟著我仔細端詳
告訴我，這可是天使的足音？
還是寂寞的薰染？……

我張開臂膀，雀躍奔跑，
卻傳來一陣清澈的聲響 ——
如一道道金霞，置身故鄉，
那一身叮咚的、褪色的布衣
早已披滿了與你邂逅的稻浪……

—— 2009.11.16 作
—— 刊登臺灣《乾坤》詩刊，第 53 期，2010.春季號

夜　思

我愛北望 ——
冬日從扶桑樹頂
頂著暈環，堅韌地升起。
我愛
蒼穹下的紫薇。
愛那些熟悉的丹牆城台
大糖葫蘆，
我懷念
老張的大宅門口
夜裡挑擔兒的杏仁茶
那拐彎的館樓盡頭
一棵老槐樹
無數片雪花漫飄而落……
石橋前的琅琅聲忽近忽遠
呵，故國，呵，塵夢
除了淨是你的清碧
或者比白鷺身影更濃重。
驀然星子炯炯
直入我深情的瞳孔，
連風也斑駁。

—— 2009.11.28 作
—— 原載台灣《乾坤》詩刊，第 53 期，2010 年春季號
—— 轉載由重慶市巫山縣委縣政府主管，縣委宣傳部主辦，
　　大型文藝雙月刊《巫山》2010.02，總第 7 期

光　點

冬日一個傍晚，亮得
像銀白鱗片的路；
知更鳥，甜美且有力地，
在林頂上低飛，
又對我繞著圈 —— 就這樣
停在湖面，啄星之影。

啊！有多少個冰晨，又刺穿
多少次樹林懸垂的臉？
每根細枝，每一隻蟲動
在互訴心事，在悸動裏
模糊，是冰已龜裂？
寒裏雪融聲漸濃，又漸遠……

像無數微醺的落葉
我在空氣裡喃喃
這或許，是必然，
也是偶然 ——
天已暗，松鼠的吱叫
與唯一的想望永訣。

—— 2009.11.03 作
—— 原載台灣《文學台灣》季刊 2010 春季號，第 73 期
—— 轉載美國《poems of the world》季刊 2010 春季號譯詩
—— 新疆《綠風》詩刊總第 189 期，2010 第 3 期

Light Dots

by Ming- Li Lin
Translator: William Marr

Winter evening, bright
like a road paved with silver scales
Circling around me
a robin flies low over the woods
graceful yet vigorous-and then
the shadow of a bird pecking at the stars
stops on the surface of the lake

O! How many icy mornings have pierced
the suspended face of the woods? And for how many
times?
Every branch, every squirmy worm
tells each other of what is on its mind
Fading away in the pulsation
Is it the ice cracking?
In the cold the sound of melting snow becomes
heavier, farther......

Like the falling leaves slightly drunk
I murmur in the air
This "might be" is a "must be"
also an incidental-
The sky is already dark, the squcaks of squirrels
part forever with the only longing

—— 美國《poems of the world》2010 春季號

今夜，我走入一星燈火

那顆星子已逝，渺無人跡
我凝視遠方 ——
遠方似前又後，懸宕成一拱門
而藍灰的廣場似浸在水中
我在小鐘塔裡
同螞蟻般緩緩步移
那金色劍河正引發懷古思愁

當點點輕舟亮起燈火
城光延伸著，院落連著院落
飄浮自濃密林裏閃閃躍動
我忽然記起
若不是那北風嗚咽著
我幾乎遺忘一個流逝的跫音
自千哩外拓了回來，又消失很遠很遠了

—— 2009.08 作
—— 刊登臺灣《笠》詩刊，第 273 期，2009.10.15

貓尾花

此刻綠光的湖岸仍隱蔽，
白夜漸次化開；
無樹的草坡裡沒有任何騷動，
不久，紫色的貓尾花將跟太陽同步說話。

──《香港文學》2010.03
── 臺灣《乾坤》詩刊 2010.04 夏季號，第 54 期

流　螢

穿出野上的蓬草
靈魂向縱谷的深處飛去
群峰之中
唯我是黑暗的光明

——2009.05.22 作
——《香港文學》2010.03
——臺灣《人間福報》2010.07.07

在我的眼睛深處

我站在環繞岩頂的天空下，
對每個自然的元素
充滿著生命之外的召喚，
它來自玫瑰雲朵的後方。

一棵扭曲的橡樹
伸向廣闊天邊；
烏鴉在翱翔中揮去憂鬱的意志。
這墳丘，面對被太陽鍍金的海上，
暗暗地笑談互古的憶往。

一切歷史悲劇
全都碎裂於大浪。
在它平靜地接受 ──
緩緩的逝去前，
如何能預料未來所揭示的理想？

那天使透明的翅膀
從黝黑的世界
飛向深邃的蔚藍，
我看見你在我的眼睛深處
優越地　閃光……

── 2009.07.08 作
── 刊登臺灣 中國文藝協會《文學人》季刊，
　 2009.11 革新版，第 7 期

十月秋雨

我記得你凝視的眼神。
你一頭微捲的褐髮，思維沉靜。
微弱的風拖在樹梢張望，
落葉在我腳底輕微地喧嚷。

你牽著我的手在畫圓，卻選擇兩平線：
銀河的一邊、數彎的濃霧、飛疾的電光，
那是我無法掌握前進的歸向，
我驚散的靈魂潛入了無明。

在山頂望夜空。從鐵塔遠眺到田野。
你的距離是無間、是無盡、是回到原點！
曉色的樺樹在你眼底深處雄立。
秋天的雨點在你身後串成連珠……

—— 2008.01.02 作
—— 刊登河北省作家協會《詩選刊 下半月刊》2008.第 9 期

Autumn Rain In October

Poet: Lin Mingli
Translator: Wu Jun

I remember your gaze
Your brown curly hair, your quiet thought
The gentle wind lingers on the top of the tree
Falling leaves whistle around my feet

You take my hand and draw a circle, yet choose two parallel lines
Beyond the milky way ,the bending thick fog, the sweeping lightning
There I cannot hold the direction onward
My scattered soul dives into the endless darkness

Staring into the night sky on the top of the hill
From the iron tower to the distant field
Your distance is spaceless, endless, back to the origin !
The birch deeply rooted in the bottom of your eyes at drwn
The autumn raindoops string behind you like beads

—— 刊登美國〈poems of the world〉〈世界的詩〉2010 秋季號
譯者：吳鈞教授，1955 年生，山東沾化人。
現任山東大學外國語學院教授，文學博士

大冠鷲的天空

這麼多的雲
追逐
分秒
一如斑蝶
一如我
旋轉
在熟悉的山岬中

遠遠的
紅波瀾　舞動
那山邊微茫的紅瓦石屋
雨豆樹下
揮了又揮的
春藤，都由遠而近
想穿越　無數暗藍的
霧晨

遠遠的
東北角前方
一隻

大冠鷲
在漁村前頭
似飛似飄地
朝塔林投去

想不到
那空漠的天空
都聽到了
都捕捉到了
牠的一勻
笑容

—— 2010.02.01 作
—— 臺灣《乾坤》詩刊 2010.04 夏季號 54 期

夜　航

是秋的臘染
紫雲，浪潮拍岸
是繁星
旋轉，還有萬重山

當夜敲著故鄉的門
小樓的風鈴就傳開了

那海河的橄欖林
在銀色的石徑裡醒來
被風起的流光
點出滿身晶瑩的背影

只有我於天幕下
仰望高空
在雨濕來臨前
趁著黑夜
飛越玉壁金川……

—— 2008.08.08 作
—— 刊登臺灣《新文壇》季刊，春季號，2009.01

海上的中秋

新雨乍晴，
遠山不染纖塵，
竟映照一抹閃紅，
點亮在古剎楊樹上。

風柔柔，四野寂然
只有白浪無止無息
憑依暮鼓聲聲。

我在霧中走著，
想撿拾一串串星顆，
讓階前草露的微音
隨風而去；
在霜徑菊香裡，
也在明月外。

—— 2009.04.11 作
—— 原載《人間福報》2009.10.5
—— 轉載天津市作協主辦《天津文學》2010.01
—— 山東省《超然》詩刊總第 15 集 2011

傳　說

我是風
詠歎在牌樓南邊
靜穆地
在雲端深徑
一片雪清，留我
兩腳泥濘

是發光的落梅
是空盪的秋千
朗讀著深埋的歷史
追問向奇萊山頂
而我堅持
以步移快遞寂寞

驀然
我邀柳杉一道啜茶
慢慢譜寫
一個褪了色的記憶
只有明月毫無顧忌地播撒
整個部落

—— 2009.07.01 作
—— 臺灣《笠》詩刊，第 274 期，2009.12.15

夜，溜過原野

夜，溜過原野
踮著她的貓步似的足

是妳向這灣溪來了嗎
這裡有濕濕的青苔
和無法穿透的星空

在交會的一刻，妳忽而停下來
走到離我約十呎遠的地方
但在比風更輕的一跳後
終於，又消失不見

呵，即使漫步在樹林
我也想把自己當作擁有
一個秘密王國，然後
輕輕地 ──
超越時間的界線
讓我撥開雲霧吧
像暗明的水

── 2009.02.13 作
── 臺灣《笠》詩刊，第 272 期，2009.08.15

在瀟瀟的雪夜

我走過一條黯淡的野道，
正月裡湖波返射的雪林
使晚天那初升的月空寂，輕漾。
一聲兩聲磬鈸在每一個角落
像崖壁斷下的故風細雨，
輕輕地飄飛、隱沒。

突然，枝上三兩烏鴉
無情無緒地叫著，
從前方泥濘的黑路
飛入樹底盡頭。

也許在無數的失落中
那藏在忍冬薲蘿的葉堆裡，
傳來微弱的某種聲音，
似乎告訴我，
它知道　生何其短促！
而我發現，昨日的枯樹
竟長出新綠時，笑了。

—— 2009.03.01 作
—— 原載台灣《秋水》詩刊，第 144 期，2009.12
—— 《人間福報》2009.12.18

等候黎明

把對岸的屋宇加點光
鐵窗割切成
紙畫

乃至欸乃一聲
方驚醒
今夜月光如利刃
已劃過數不盡的
年

風吹散每一歎息
都那樣久遠久遠了
是明天，且期待重生
親愛的，妳會來嗎

—— 2007.11.22 作
—— 香港大公報編印《黃河詩報》，總第 5 期，2009.06

秋　暮

冬山河　鹹草鳴蛩
濱鷸　兩兩
惟有小水鴨
擾亂了整個水面
喚起白霧飛脫
留下溪口外
一片明霞

—— 2009.05.22 作
——《香港文學》2010.03

在那星星上

我望著花間雨露
像布穀鳥，掠過
潺潺的小河，而搖曳
在稻浪的，春之舞

—— 2009.05.22 作
——《香港文學》2010.03 刊登 9 首詩之一及插畫

凝

這一畦稻浪
隨牛背上的炊煙飄來…

泊在水月裡
我想起幼時木麻黃下的鞦韆
螢火蟲躲閃著
到哪兒去？在風中踏響
那步履兒
可是踽踽而行的母親
而不安的亮星
於山村的木橋上
多了些牽掛

—— 2009.12.28 作
—— 原載《香港文學》2010.03
—— 轉載山東省作協主辦《新世紀文學選刊》2010.03

淵　泉

涼晨中
我聽見流泉就在前方
彷若一切拂逆與困厄
全都無懼地漂走

一隻信鴿在白樺樹林頻頻
投遞
春的祭典

我相信悲傷的愛情
它隨著蒼海浮光
有時擱淺在礁岸
隨沙礫嘎啦作響

—— 2010.01.04 作
——《香港文學》2010.03

愛是一種光亮

遺失在黑洞內的音訊：
縱使是宇宙微塵的一部份
但我們之間卻是註定的孤獨。

彷彿夜空舞臺的新星，一晃即逝
如孢子散於花瓣。
我們無法停止的每一脈動
將在彼此凝視中放射於
淡淡的雲層
儘管我們距離隔橫。

驀然回首
我站立赤道的某一角落
循著逆時鐘方向
旋轉，不管秋分至春分
是否晝短夜長？

愛，是一種光亮。

—— 2008.12 作
—— 《笠》詩刊 270 期 2009.04.15
—— 中國 全國中文核心期刊，山東省優秀
期刊《時代文學》2009.02

縱然剎那

湖面滿是薄染
將落的金光
讓淺玫瑰的雲霞
溶在銀波上
遠山幾行
有如紫精屏風的灰綠
遠比星空更柔然無聲的顫動
動盪的一桅風帆

半湖碧水
不若妳明眸的閃爍
在影落波間
我感到宇宙只此一刻
春風拂來
我已幻成白楊之林
昂首矗立
在湖畔旁等候月光

── 原載安徽省文聯主辦《安徽文學》2010.1-2 期
── 轉載北京市中國人民大學書報資料中心主辦《當代文萃》
　　2010.04，總第 138 期，頁 62

月森林

晚鐘續續之
敲聲。偶一回頭
即不復寐

仰望那
瑩白的天空
卻有一枚圓月
濛濛在不凋的今夜

── 2009.03.26 作
──《香港文學》2010.03

寒　梅

遙對破不遮風的草亭
清而不寒彷彿比雪花還晶淨
寧願伸出瘦瘠的手
與山林共舞
瀟灑、身上的翠袖
遠著滿地飄零

── 2008.02.07 作
── 臺灣《葡萄園》詩刊第 178 期，2008.5　夏季號
── 收錄 2008 年《臺灣文學年鑑》，彭瑞金編，
　　119-121 詩五首之一

所謂永恆

一枝綠柳銜來一個春天，
把難以揣測的大地吻醒，
讓理念在一剎那間
倏閃，相思成雪。

—— 2010.01.25 作
—— 刊登香港《香港文學》2010.3

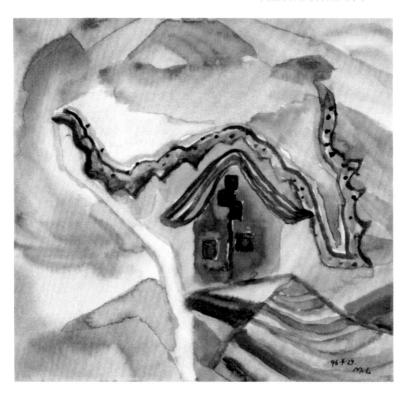

Called Eternity

Poet: Lin Mingli
Translator: William Marr

A green willow branch brings forth spring,
awakens the hard-to-guess earth with a kiss,
and in an instant lets an idea
yearningly become snow.

—— 美國《poems of the world》預稿

暮　煙

你在天黑前是源於所有山湖的
亮點，那也是你能輕易地
自由組合的方式。

這樣你必須保持其神秘性，每當
行走於濃密的白樺林
之間，我就感到一個
被遺忘數個世紀的永恆是可能的。

我從未找到
我自己的圖騰
或者就像煙縷而又纖細：
或許多年後某一天
想起了你
端坐在雲中。

—— 2009.11.23 作
—— 臺灣《秋水》詩刊 145 期 2010.04

渡　口

翩翩的灰面鵟，
穿越了烏溪的落日，
要飛進星海的岸浪了。

岸浪是冰天一片哪，
俯瞰而下，只有遠山守候，
又有什麼可以長久？

槳聲驚動的水鳥嗎？
八卦平臺的遊客嗎？
亦或不受羈絆的霜風？

在天地相接的盡頭，
漁火隱隱，
你聽，故鄉的小溪又唱了，
誰說，萬物皆易老，
更看空濛的水月中？

今夜，街燈淡蕩，
岸上的舟子已歇，
而我憶往的夢顯現了，
剎時，亭上的鈴音又獨自飄響了。

—— 2009.03.03 作
—— 刊登臺灣《笠》詩刊 272 期，2009.08.15

青藤花

將雨要來
一株青藤花
靜聽著雲端裡的低的
雷聲，忽而幾顆雨點
開始打在額上
悒鬱的
青藤花
無端地笑了

屋外很遼闊
你聽，蚯蚓聲如雨
如雷
你是否聞到泥土的香？
是否也曾細心咀嚼便玩味書中了！
在這初夏之夜，我便看見
一個凝定的容顏
浸透了轉動的世界

—— 2009.02.17 作
—— 原載臺灣《人間福報》2009.04.14
—— 轉載瀋陽市一級詩刊《詩潮》雜誌 2010 年 2 月號

橄欖花

人群散了，放眼四方 ——
按捺不住的焦慮，
被夕陽的衣裳披滿。
那地中海的徘徊，
是無法停止的腳步；
相遇的古月，又朗誦
即將消隱的淡傷。
但我不能打烊，
當秋風來的時候，請記得
我的容顏已然
凝聚成純潔的曙光……

—— 2010.01.04 作
—— 刊登臺灣《葡萄園》詩刊第 179 期

在初冬湖濱

聽，雪中雲雀的足音
梅朵輕嘆　兀自凋零
宛如夜行而過
急速消失的螢蟲
四野望去，盡是
空寂的淡色，只有
遠山帶著半黃
半紅的背影，引我步出了樹林

西天被幾聲犬號擊破
朝陽在半壁，不甘
蟄伏，掙扎著探出頭
我，將粘上衣襟的湖光
還於金色的謐靜
走進夢想，且
讓過去的種種，化成
心頭的澄澈

當黎明升起 ──

我在水銀裡呼

吸，一股稻草甘甜的

清香，自空氣中凝聚……

── 2009.01.22 作
── 刊登全國中文核心期刊，山東省優秀
　　期刊《時代文學》2009.2 期
── 臺灣《人間福報》2009.9.4

雲　豹

靜靜地伏趴
橫向的粗枝上
縱目四方
來自老山
如黑環帶的勇士
有著洞悉靈魂的冷靜
在叫做小鬼湖林道
流於族人的傳說 ──

我的爪牙自皮鞘中伸出
獵物在濃密的倒木裡竄躲
啊，奔馳的笑聲已成塵土
只有魯凱祖靈與我細數足印
而那遠離的人類不再
以槍及牟利的藉口
然後在星空那端悠悠蕩蕩地出現
一道無所畏懼的眼色

── 2009.02.13 作
── 刊登臺灣《笠》詩刊第 272 期，2009.08.15
── 美國《臺灣公論報》2010.8.13 刊登莫渝評論此詩

往　事

即使不刻意
還尋
那小軒窗下
一彎白霧團團的溪

在此天涯海角
誰的舊夢裡
沒有偶爾
在青山間對著
那麼幾滴迷濛的雨

我願是那青煙
在你的呼喚中渺渺
側身而過。我願是露珠戲跳蓮池
又回歸大地。

—— 2009.03.19 作
—— 刊登臺灣《笠》詩刊，第 270 期，2009.8.15

風雨之後

在一大片樹林前
在桃源山間
溢滿著植物氣味和光
把東方慢慢映紅
光喚醒河灘的眼睛
我游向那一隅村莊
卻再也找不著昔日的歡樂

我拂拭著秋風
秋風總是堅定沉默
當鹹澀澀的雨溜過對岸

喧騰且濁重
可憐那變色的山崗 ——
浸透
沉落

你聽
那沒有遮攔的星子
離去前的回應：

能不能把太陽撕成片片閃光
溫暖了族民的苦痛
看，那些無辜的小臉蛋
一臉蒼白又驚恐

註：為88水災罹難的台灣同胞哀悼。

— 2009.08.14 作
— 原載臺灣《笠》詩刊，2009.10.15
— 中國文藝協會《文學人》2009.11 革新版第 7 期
— 中國《天津文學》2010.01
— 臺灣《人間福報》副刊 2009.08.21

靜寂的黃昏

一隻秋鷺立著，牠望著遠方。
萋萋的蘆葦上一葉扁舟。
對岸：羊咩聲，鼓噪四周的蛙鳴。
牠輕輕地振翅飛走，
羽毛散落苗田，
彷彿幾絲村舍的炊煙。

　　　　　── 2010.2.20 作
　　　　　── 原載臺灣《創世紀》詩雜誌，2010.06 夏季號
　　　　　── 轉載臺灣《人間福報》副刊 2011.05.30

萊斯河向晚

在我心中有一個岸橋
橋上長廊　橫跨雪河的閃蕩
立在垛樓上
陽光如幻影
蝶般地被妝點成暮雲
棲息在山崗外，掠過千萬星斗

當晚鐘輕輕喚醒
最深記憶底的
是每自回首的名字
我試圖將往事
藏在忍冬蔦蘿的
葉堆　隨舟子悠然自流……

—— 2008.12.05 作
—— 刊登全國核心期刊山東省優秀期刊
《時代文學》期刊，2009.02

浪　花

將自己疊成千堆雪
飄向海岸
追逐著叮嚀回響

也想平靜下來
放眼天外
在初秋微風的黃昏
在渡船口旁
尋訪往日時光

年復一年
海鷗依然
在雲彩上
雲彩是點點孤帆

—— 2008.7.29 作
—— 刊登臺灣《秋水》詩刊，第 140 期，2009.1

光之湖

春日帶著白松味
罩在橡樹叢
石岸旁
雨露殘留未散
我在虛空裡逡巡 ──
那失足的花葉
還有從歌雀銜來的漿果
闖入了自己眼眸
常春藤恆長著
蟲聲起了騷動
一隻赤松鼠忽地躍起
轆轆的馬車呼嘯而過

── 2009.07.27 作
── 原載臺灣《人間福報》2010.09.21
── 轉載山東省《超然》詩刊 2009.12 第 12 期

初冬一個訪客

初冬一個訪客，讓華爾騰湖
顯得光耀
獨處中
一隻笑潛鳥
點亂水底交舞的老藤

是誰在我的泉眼裡
把白的夜拋向星群？
如同這誤闖的映影
湧進
我最深隱的魂靈

那可是她的歌音？
高懸在雲端迴蕩
在我手心數竿外
暴露她甜柔的期待
更穿越我的思維四方

—— 2009.10.03 作
—— 臺灣《人間福報》2010.01.08

雨　影

山角之轉彎。於
古渡口的小鎮上
你
被風刮得
偏離了方向
突然　閃燿的電光
清晰地照出半面的
白髮

在樹影輕輕飄下
於午後
聽蟬鳴
於
一次次
蛻變之中
直到河水越來越急
你方驚醒：
雨還是雨，停在船頭
而晦暗下來的世界
已然重新點亮

—— 2009.08 作
—— 新疆省《綠風》詩刊，2010 年 5 月第 3 期，總第 189 期

牧　歸

我已流向遠方。
荒原之月早已歸去，
枯風吹自玉峰下，
天路鋪進我家鄉。

我的睡思穿行萬裏，
而放牧的雪域
從崎嶇的盡頭在延伸 ——
慢條斯理地探尋我的靈魂。

剎時藏野唱晚，
此刻小雨正好錯過
或直向拉薩河。你就是虹，
總在極地跨越破曉的祥雲裏洗亮；

誰都比不上你如許的安寧。
青海的天空，朝聖者
祈盼的聲音忽地將我召喚。
看啊，你是我的哈達，夢裏的詩章。

註：青藏鐵路東起青海西寧，西至西藏拉薩，是世界上海拔最高
　　（4000 米以上地段達 960 公里，最高點唐古喇山口為海拔
　　5072 米）、線路最長的高原鐵路（格爾木至拉薩段全線總里
　　程達 1142 公里），費時四十年以及超過四十億美金的預算，
　　經過四年建設，於 2006 年 7 月試通車。

　　　　　　　　—— 2009.11.20 作
　　　　　　　　—— 高雄市《新文壇》季刊，第 18 期，2010.04 月

聲音在瓦礫裡化成泣雪

聲音在瓦礫裡化成泣雪，
在強震後的秋夜
此刻尚有些許月光，
樹影便已慌亂。

鏽般的天空一片死寂，
那看不見的哀懇
不時偃伏
讓黎明舉步維艱。

—— 2010.08.02 作
—— 刊登臺灣《笠》詩刊，279 期，2010.10.15

木框上的盆花

你坐在石牆裡
用幾分之一秒的快門
捕捉日輪的俯臉
這或許是
你生命中僅有的一瞥。

山城之夜已緊緊收攏
裹住金絲雀顧憐倦藏的彩羽。
你在落雪裡
輕搖，無羈的空間
好似我未曾在你身旁 ——
是光融化了冰冷的書頁。

—— 2010.02.19 作
—— 臺灣《笠》詩刊，第 278 期，2010.08.15

在邊城

我像一隻磨菇斜躺著，把臉
伸進春野的星宿
突然我睜開昏眼
讓月亮進來
我像綠光的蝴蝶
在開滿花樹的溪谷
比喜鵲更快地加入了悠揚的合唱
直到黑夜從邊陲降臨
閃著夏日山徑的殷紅
隱遁，馬車已到達另一個邊緣

—— 2010.03.02 作
—— 臺灣《秋水》詩刊，第 146 期，2010.07

回到從前

三月
一陣風過
閃爍的螢火
溜進
我生命之夢

它們
像樹精靈
如此親切地靠近
一個記憶　慢慢在此佇足
變成一棵水青樹
在雨露裏衰老

註：水青樹，第三紀古老孑遺珍稀植物，分佈於陝西南部、甘肅東南部、四川
　　中南部和北部等地。

—— 2010.03.03 作
—— 刊登臺灣《文學臺灣》，2010.08 秋季號

二〇〇九年冬天

蕭蕭黃桐葉像挽歌的茶花女
在屋簷那兩盞沉默的
燈火間，一首老歌兀自唱起
流光的記憶
飛向濕漉漉的十字街頭

像胡同裡誦經的木魚
緊咒的落雪
正張著清澈的眼眸，任意念羅織成
一張攢在心底的輪廓
怎忍冬風
把露宿的疏葉一一吹走？

—— 2009.12.07 作
—— 刊登中國新疆省《綠風》詩刊，2010 年第 3 期

行經河深處

行經河深處
我心思索
一簇簇柳叢滴瀝著孤寂
野兔開溜在懸崖絕壁
一隻夜鴉在谷中
對著煙霧彌漫的月影搖顫
在這裡我繫不羈之心於河船
而你仍在不可知的他鄉

何曾為我守候
訴說那樸素壯麗的靈魂有多麼激昂：
天地間更沒有一顆明星
把你最深的痛苦告訴我
是怎樣的夢輕盈地落在我燃燒的心上
讓我們的愛情長成金黃的麥海
那失去驕傲，失去所有的
我，用困倦的目光，還朝著麥海繼續飛翔

—— 2010.07.01 作
—— 刊臺灣《笠》詩刊，第 280 期，2010.12.15

默　喚

在那鐘塔上
下望蜿蜒的河床，
小船兒點點
如碎銀一般！

彷彿從古老的風口裏
吹來一個浪漫的笛音，
穿越時空
驚起我心靈盤旋的
回響。

我怎會忘記？
妳那凝思的臉，
伴隨這風中的淡香……
妳是我千年的期盼。

啊，布魯日，
小河裝著悠悠蕩漾的情傷，
而我，孤獨的，徘徊堤岸，
彷彿是中世紀才有著向晚！

—— 2007.11.26 作
—— 臺灣《人間福報》2007.12.13
—— 山東省作協主辦《新世紀文學選刊》2009.02

風吹來的時候

我好想念我的小米園……
充溢的，是你陽光的赤誠，
搖著夢，凝諦，想把你密封。
祖靈啊，如果我能夠
讓你像野百合
從空谷的霧中飛揚。
縱使無法捕獲的，是交織的夜，
前方，是沉沉的椰林，無獸。

我在黑暗中稍稍回頭，而
你只能應唱揮手。
永不消逝的雨雲
還像無幽咽的天空流過。
金針山的時晴時陰
已吹化了春天的酣容，
迴旋在我的雙臂花田中 ——
太麻里之夜啊，請留給我生命的尊榮！

—— 2008.11.24 作
—— 刊臺灣《笠》詩刊，272 期，2009.08.15

黑鷹之歌

一隻
鷹　在灰藍蒼穹
候著
竟忘卻默誦

幾朵低雲
幾多煙波
淩空　放目
沉默依舊

可曾一直線飛過
海的對面的
清水　看雨豆樹下的花
或秋剪於西風

噢，我已描下前哨的
落日，一隻鷹
仍凝視遠方
捕捉到的，是一勻
笑容

—— 2009.04.18 作
—— 刊臺灣《笠》詩刊，第 272 期，2009.08.15

懷　舊

往事是光陰的綠苔，
散雲是浮世的飄蓬。
雞鳴，我漫不經心地步移，
春歸使我愁更深。

一花芽開在我沉思之上，
孕蕾的幼蟲在悄然吐絲；
它細訴留痕的愛情，
縷縷如長夜永無開落。

—— 2009.09.24 作
—— 刊登《香港文學》2010.03 期
—— 臺灣《秋水》146 期 2010.07
—— 轉載山東省作協主辦《新世紀文學選刊》2010.03
—— 湖南省《愛你》係湖南教育報刊社與湖北日報傳媒集團
　　《特別關注》雜誌社聯合辦刊。2010.第 7 期

秋日的港灣

流動的時光羅織著晚浪
與幽微的漁火。
一片無人注意的蚵棚，
在鹹澀的雨中。

蘆花迴盪的挽歌
被秋風輕輕挾起，移步向前。
古堡則把我的眼波下錨
繫住所有的懷念。

── 2010.02.19 作
── 中國天津市作協主辦《天津文學》2011.01
── 高雄市《新文壇》季刊，2010.10 冬季號，第 20 期

夜　櫻

冬盡，星露下
紅枝低垂
殘星帶路的野道
恰似妳沉默的湖面

漫步向前
輕吹著口哨
妳，像淘氣的小白蛾
燈下飛舞
也想捕捉

這一季
那風雅泛舟的野趣
不是水天
是月下櫻

哼上一曲
夜，幽玄

—— 2008.06.08 作
—— 原載臺灣《笠》詩刊，第 268 期，2008.12.15
—— 收錄書中國詩歌藝術學會《詩藝浩瀚》2009.06
—— 轉載香港《台港文學選刊》，2008.12，第 9 期

秋　復

看帆落南山
我來回踮步，找尋
今秋的第一月
幾度斜陽，暮鼓晨鐘
她總在穿梭之間，送別夏日
也許浸在楓林
赤足走在綠楊橋上
小憩一會兒後
她窺探而且搖曳
似水浪的雲，似馬車的風
原想踏碎一地的星芒
再將笑聲一一隱藏
卻敵不過江水的西流逆轉……

—— 2008.08.16 作
—— 刊登河北省作協主辦《詩選刊》下半月刊，2008 第 9 期
—— 轉載山東省作協主辦《新世紀文學選刊》，2009.02

山間小路

深入山丘的陰影
細細領略
臘梅的清香

遠樹凝寂
從寺塔鐘樓走出
在墨潑間
在花雨上

想心定的水塘
被日落的叢林圍繞
從許多蜿蜒的小路
遠離霧氣的瀰漫在村莊

—— 2008.07.15 作
—— 原載臺灣《人間福報》副刊 2008.11.05
—— 轉載全國中文核心期刊，山東省
　　《時代文學》期刊 2009.02

黃昏是繆斯沉默的眼神⋯⋯

黃昏是繆斯沉默的眼神⋯⋯
風高坐在樹巔上
描著蛋彩的畫布，像往日般
候著雲霓，這是六月的港灣
夜挨近，一聲汽笛穿林而過
這或許是
無盡的岸邊甜美的呼喚
我的愛
猶然迴響
烙在泛黃的秸稈中

—— 2009.06.10 作
—— 山東省作協主辦《新世紀文學選刊》2010.03 增刊號

在我深深的足跡上

搖曳的曙光以溫柔
將黑暗撥開凹凸的湖岸。
如一只帶翅膀的鹿
我同我的夢的羅盤一起流浪。

在那裡
大地一片沉寂　充滿木香
從螢蟲穿遊的濕地上
是誰摘下那只銅鈴足響？

夢境如此清晰敏感，
碎音著在泥路末端，
它像一支單槳的小船，
我錯估了它遠行的方向。

呵波塞冬呦
如果命運真的是這般，
我情願把憂傷緩緩地
攢入大海的心臟。

註：波塞冬〈海神〉

── 2010.03.23 作
── 中國天津市作協主辦《天津文學》2011.01
── 山東省《新世紀文學選刊》2010 增長版
── 中國《網絡作品》雙月刊，總第 23 期，2010.07 第 3 期

密 林

惺忪的野蕈
月暈下的石塘林，
透視的鷙，
卻測不出孤懸的雲，
斷崖宛若修行的苦思者，
東麓追溯著水鏡，
一切歷史圖騰，慢慢從土地消失，
那關不住子午線的黃昏，
也將被刻痕、被羽化、
　被消沓的愛情壓印。

—— 2010.01.26 作
—— 中國《網絡作品》2010.07 第 3 期，總第 23 期
—— 山東《新世紀文學選刊》2010.03 增刊版

懷　鄉

在我飄泊不定的生涯裡
曾掀起一個熟悉的聲音
但不久便重歸寂靜

它從何而來？
竟使我深深的足跡追影不及……
游啄的目光分離成渺遠的印記
每一步都是那麼堅定無疑

呵，我心戚戚
那是深夜傳來淒清的弦子
我識得，但如何把窺伺的黎明蒙蔽

—— 2010.01.11 作
—— 原載臺灣《新原人》2010 年夏季號，第 70 期
—— 轉載中國山東省作協主辦《新世紀文學選刊》2010.03 期

在黑暗的平野上

即使這秋風也在顫慄。
木輪停下來。一隻野鳥
投入樹林
雲氣也就
更明淨了，不知何處莊稼地
淒淒地吹響牧笛
在平野中間，有許多記憶升起：

那是夜蟬的歌聲。
清晰　持續
輕喚著
此處或彼處
我的繆斯，合起了眼瞼

而靈魂從冰草叢中探出。

—— 2010.01.15 作
—— 山東省作協主辦《新世紀文學選刊》2010.03 增刊

藍色的眼淚

大海灰暗而寂然
眼淚卻得不到回應
頃刻我在你陰鬱裡找到
透明的靈魂

大海灰暗而寂然
無數雨夜、激盪的鐘聲
像沉重的煙
漫無目標地伸展你的命運

在這蒼蒼茫茫的雪原下
我心漂蕩
在北極熊血染的冰川上停泊
用毫不狡獪的麋鹿運載著未來無阻的長空

　　　── 2009.12 作
　　　──〈報載全球變暖致海冰融化，北極熊本世紀
　　　　　末將消失，有感而作〉
　　　── 刊登山東《新世紀文學選刊》2010.03 增刊

回憶的沙漏

回憶的沙漏
滴滴滴下，似淚成河
我整夜輾轉反側
那小路上閃現的星光
是夏夜在那裡眯著眼
從天幕的破處
傳來聲聲呼喚，縱橫錯落

大地上一切已從夢中醒覺
山影終將無法藏匿
我卻信，我將孤獨痛苦地
漫行於沙漠世界
夜，依然濃重
徜徉於
白堤的浮萍之間

—— 2010.07.09 作
—— 刊登臺灣《創世紀》詩雜誌，164 期，2010.09 秋季號

岸畔之樹

在我憩息的地方
岸畔之樹
像潺潺小溪
流經大片花田般
圍繞著我奏樂
在寂靜的森林內輕響

呵，那水貂似的髮絲
—— 我難尋蹤跡的女孩
依著風的手指
忽隱忽現
快速地
問訊而來

只一瞬間
黑瞳晶若夜雪
妳是海
妳是樹心
不，不是，妳是輕風吹拂的白罌粟
我的一切，繆斯無法增添妳一分光彩

—— 2010.07.13 作
—— 臺灣《創世紀》詩雜誌 2010 第 164 期，
　　2010.09 秋季號

偶然的佇足

若是在雪路
我底歷史，你底眼神
便開始重疊……

呵，那冰島罌粟的落日
沉溺於春霞的花田，
早已遺忘了峰頭的月。

電車緩緩地接近，就離開
夢未曾覆蓋的夜，
櫻花的枝葉撫摸著
片片落進憐憫的雪；

如果再有什麼悲，看
春天是不會向誰告別
它是柔如密林的清晨一泓帶露花的泉。

—— 2010.02.28 作
—— 原載中國《天津文學》2011.01 期
—— 轉載美國《亞特蘭大新聞》2010.08.06

流動中的靜謐

三月的傍晚，我撐著
顛簸的夕陽靠岸
浪峰悄然
但街道喧響

我牽著焦煤的夜
信步小山崗
群花叢草
向月亮投遞訊息

而後，我在燈前冥想：
粗糙的草稿
總賦予我堅定沉著
在顫動的夢弦上

—— 2010.02.21 作
—— 臺灣《乾坤》詩刊 2011 春季號，第 57 期

因爲愛

因為愛
那真切之吻
已戰勝卑怯的恐懼。
在妳的無瑕
和時間的
繪影中
它彷若一滴雨露；

看著妳
靈巧而專注，
只想把自己的
思想水手給妳。
當溫暖的山谷裡
不再佈滿荊棘之際
看命運如何聯繫我們
極其相像的故事。

—— 2010.06.23 作
—— 刊登臺灣《乾坤》詩刊，第 56 期，2010 冬季號

靜　海

雲絮的浪花
晶藍的濤聲
在黃昏時分踏起舞步
期待著夜的垂眼
當汽笛，鷗鳴
外界的一切喧囂不再
唯有鐵錨鎮定
緩緩停泊於岸海
突然，憂傷的心事
消失在山風的飄落之間
遠方串串佛號
穿越群山
在真實的海市背後
化為搏動的心音
平和
　　　跳躍
　　　　　沉醉…

—— 2010.07.06 作
—— 原載臺灣《乾坤》詩刊，2010.冬季號，56 期
—— 轉載臺灣《人間福報》副刊 2011.01.14

一切都在理性的掌握中

我的夢海，沒有奇突的劇情
有的只是用心去尋找
那掌握不住的永恆
當你眼底的憂鬱
將兩個世紀的神話連接在一起
以綠色的翅翼
恰似稻穗上的蝗蟲正閃動而出
從時空的迷失中醒來
這個世界僅僅在
倒影上傾斜了一瞬間
那輕舟
披著真愛的風
劃開了真實與虛幻
一切都在理性的掌握中

再一次，生命之帆
像蝌蚪一樣經過蛻變
宛如雪山之巔的歌雀 ——
愛琴海的時代倒流
是風車在低訴歷史

用諸島的目光
是山頂的鐘塔在敲響
歲月無痕的沉重
而那蔚藍還在天空
墨綠也還座落在山坡上
但我美麗的，心痛的記憶啊
是那樣脆弱而貧乏
早就被那抹金陽的微笑
沖淡在枝葉掩映中

—— 2010.06.29 作
—— 臺灣《創世紀》詩雜誌，165 期，2010 年冬季號

螢光與飛蟲

闖入窗紙
驚喜黑暗螢光
軀體上的靈魂都葬
入了
夢想空浮了嗎？

燈罩上的玻璃
靜守著
丁丁地響
小蟲真的撲火了！

—— 2008.01 作
—— 臺灣《笠》詩刊，第 264 期，2008.4

月　光

族人的眼，在恣意的紅藜田來回
子夜，月光傾瀉，從不遲延
在你來不及瞥見
那百合的美，千蝶的溪，滔滔的淚 ──

可仍記得
八月的第一個祭典
在你靈魂遨遊與離去之際
讓我不再仰望
它依依的流連

── 紀念 2009.八八水災罹難者

── 2010.05.30 作
── 臺灣《人間福報》2010.11.15

露珠兒

妳赤足地滿地亂滾
從泥塘
至江畔，凝聚片刻
又轉出了橋影
跳躍過蘆葦
罩在白楊的頂上
—— 隨風飛轉
不想哭泣也不曾絕望

老松恰巧是我
望著不忍離別的群星
在如雪花的月光，妳的身影
已穿越夜空
斜刺　朝霞
重回大地的
懷抱

—— 2008.06.20 作
—— 刊於台灣《秋水》詩刊，第 139 期，2008.10
—— 收錄 2008 年《台灣文學年鑑》，台灣省《國立
　　台灣文學館》藏，彭瑞金編。

過　客

在高地，在鼓盪的波濤聲裡
我仍是一朵放慢腳步的雲
秋風轉疾
吹得歸雁排空濁浪
要不是青山遙指
低處臨水間
莊稼依舊
把油燈點亮
還拖著星月長談
我怎會轉來另一端的岸

—— 2008.06.19 作
—— 《秋水》詩刊，2008.10　第 139 期
—— 收錄 2008 年《台灣文學年鑑》，台灣省《國立
　　台灣文學館》藏，彭瑞金編。

山楂樹

我在暮色中網住一隻鳥
牠有秋月般的暈黃
虹彩般的髮
我願意朝夕地守望
每當牠迅速地
驕矜地
把一個白霜的山丘
圈在牠的腳踝上

春神在我臂下休息
仲夜從我身邊溜去
我沿著小路沒有回頭
直想輕步接近牠的孤獨身軀
冬風不停地呼嘯而去
但我只能前行
直到牠帶回長長的回音：
呵，忘卻你，忘卻我⋯⋯

　——是動中無聲的安寧

　　　——2010.12.19 作
　　　——臺灣《創世紀》詩雜誌，第 166 期，2011.03 春季號

綠淵潭

若沒了這群山脈，恐怕妳將分不清
通向另一片蔚藍的希望之船，
那裏黎明正在沾滿白雪的雲階上等妳。

總是，在分別的時刻才猛然想起
潭邊小屋恬靜地下著棋，當晚星
把妳從落了葉的岳樺樹後帶往我身邊，
別憂懼，我已沿著那隱蔽的淒清昏光
滑入閃爍的冰叢外虛寂的海洋。

—— 2010.06.24 作
—— 臺灣《創世紀》詩雜誌 2010 冬季號，165 期

在山丘的彼方

一種聲音
猶如棕雀，在斜暉脈脈時
響起 ——

狗尾草何以如此美麗
我信步在霧林
又有誰瑩迴夢裡？

那拖曳的愛情星辰
也曾一瞥
在漆黑四壁，柔聲絮語

—— 2010.11.10 作
—— 台灣《創世紀》詩雜誌，168 期，
2011.09 秋季號

海　祭

福爾摩莎
不經意地醒來
那虹橋的餘光
是青巒間
一隻掙紮的小螢蛾

當冬陽升起時
我的眼淚
你的觸撫
多喜樂
如母親眼底的溫柔

在這無晴的蒼穹
多少世情的虛空
巡行著……

—— 2010.12.16 作
—— 刊登臺灣《創世紀》詩雜誌，第 166 期，
　　2011.03 春季號

夜之聲

夜深
雨落柿子樹上
秋天瞇著眼
編織角落小貓的夢

起初，我跟我的側影
互相參差唱和
一團寒風也忘了
滑過長街盡頭

而後，我輕輕一縱
像水鹿
諦聽
雪白而寧靜的湖色

—— 2010.10.09 作

午　夜

隨之躍起的繁星中我唧起樹濤聲
久久佇立，以雲遮棚
那曾經飛翔之夢
忽湧到心頭
在柔風中飄動
但我不能劃破這靜謐
在幽思綿綿中
生命已無籲求，我是醒著的

—— 2010.06.22 作
—— 臺灣《新原人》2010.夏季號，第 70 期

細密的雨聲

你在哪裡逗留？
——在雨中，穿過
時間的荊棘；

是什麼樣的愛情，
把你凝成
樹痂般的岩顏，
要你如此伏臥
不停震顫到另一個明天？

　　—— 2010.03.07 作
　　—— 刊登天津市作協主辦《天津文學》2011.01 期
　　—— 遼寧省盤錦市詩詞楹聯學會《盤錦詩詞》2010 年，伍‧陸期

岸　畔

一隻松鼠
倒懸
不露生色的天空。

牠竄來跳去，無視
跌宕紅塵
唯有鳥影打破沉默。

我在岸畔行走
撈捕：風的腳履兒
深一步，淺一步
時光的蜻羽輕輕凝固。

偶抬眼，綠芭蕉升上
春之草垛
在裸石後染亮了。

—— 2010.03.13 作
—— 原載臺灣《笠》詩刊，281 期，2011.02.15
—— 轉載美國《新大陸》詩刊，122 期，2011.02.30

在雕刻室裡

天窗下的那雙手
全神貫注地
　　有如碼頭上的一盞燈
從孤寂海洋
　　凝視記憶裡的小徑

沒人看到這個老人
燭光底下幾近透明的
臉及深碧的眼睛
啊，今晚且讓我的愛
也歪斜在空中敲響，叮叮噹噹……

— 2010.12.26 作
— 臺灣《文學臺灣》2011 夏季號，第 78 期

在交織與遺落之間

秋夜在交織與遺落之間徘徊，
與它暈染的霜葉相戀。
那是我曾在夢境中尋覓過的
世界在那裡是寂靜的
只要我想許願，它就近在咫尺
又何必捨近慕遠？

在那裡，一切都可顯現 ——
風語，胡楊，長河，月亮灣…
都歇息於喚你名字的輪迴。
然後在遠離牧道的地方，我醒來
時間卻已重複
像駝鈴般同樣孤零的音旋。

是光把冰冷的書頁轉變成
青鳥悠然遨翔於雲天，
讓我的思想越過了彩虹 ——
尋覓一處如你盯視的眼眸的重疊。
如果愛情也能時刻散佈
那麼，為何我仍停頓又走動於人間？

—— 2010.08.02 作
—— 臺灣《笠》詩刊，第 281 期，2011.02.15

兩岸青山連天碧

── 陪海基會走過二十年感時

多少次坐在歷史之岸尋舊夢
走過的風雨如昨日，月
凝神，遠山長滿相思
我把天際撥開，便覺香江不再遙遠
島嶼在頻頻傳遞，重續探親的
驚喜，落雪轉眼飄成白桐

多少人正開始寄盼
春從一笑後姍姍而來
我將希望之燈點燃，無視
時光悠遠，別後生命蒼涼之悲
每當四野的音樂吹響
Formosa 就以遼闊之藍，和雲朵競著唱和

多少回我似無家的風在林間低回
世間又有哪一朵雲，能歸後
再相逢？那淡漠的天空是否也
咀嚼著低吟的自由？

每當白鴿把
和平之鐘叩響時，山和水便合十了

啊，太平洋柔柔的海波
是否牽掛我第一次俯瞰母親
做大海之遊？
聽，那地母懷裡是否也有喜樂的心音？
那祖靈庇護的 ──
是否讓所有的言語都能融合你我

因為愛
能戰勝隔絕近半世紀的恐懼
如母親眼底的溫柔，今天我就要踏回故鄉
噢，親愛的，你是否
如滿天星斗早已守候；又或許
春神也執起牧鞭，整裝待發了

── 2010.12.06 作
── 臺灣《人間福報》2011.3.7

畫中花

在綠野，在金光的水鏡旁，
我是拒絕失去密度的雲，
常忽而幌了幾幌
又伶俐地旋轉。

我聽到清溪
入山三裏湧動，
我看得見青煙
濛濛的屯在谷中，
我的足下有岡巒
由高而低　或趨或聳。

但窗外的太陽異常輕柔，
我仰望天空，支頤凝坐，
告訴我，親愛的，你聽到了誰在喚我？

—— 2008.11.16
—— 刊登全國核心期刊山東省優秀
期刊《時代文學》2009.02

林中小徑的黃昏

層層枯葉
篩落著你四季的足音。

就像扇動北風的羊鈴，
你在眾神的沉默中漫過，

霧像宿鳥般
將夢之翼繫在歌瀑上。
棲身在石壁的雲杉，
深藏著你的思想。

而那飄閃的浪花
輕輕把回憶安放，
它教會我
敲下那空洞的希望。

在靜寂中雪泥輝耀，
這雲杉彷彿一起飛揚。

── 2010.03.22 作
── 原載臺灣《秋水》詩刊，第 149 期，2011.04
── 中國天津市作協主辦《天津文學》2011.01

禪　月

正如三月櫻
當粉紅與湛藍
落在
金池裡
你可以忘卻
那春天關在窗外
被一枝雪捕住的瞬間，

當若水的心境
擴成林濤之月
如天宇間的
一粒征塵
要在輕醉中搏擊歷史的岸邊。

—— 2011.03.12 作
—— 臺灣《人間福報》2011.4.11

遙寄商禽

你是碧潭湖上的秋月，
宙斯殿上的黎明，
白色山脈裡孤挺的蒼松，
凝視著遠方的一朵落櫻。

星光下金灣裡吟遊篇篇，
紫光的雲，虹橋的天，
從容的風輕吻你的髮，
在你乾澀的臉頰上。

天使的牽迎，上帝的垂憐，
你的眼睛背後
恰有哀愁似灰藍深海，
刺穿了我空懸的早晨的詩泉。

—— 2010.09.05 作
—— 臺灣《文學臺灣》第 77 期，2011.01 春季號
—— 轉載中國文藝協會會刊《文學人》季刊，革新版第 9 期

笛在深山中

風吹飄然，誰家
笛聲在迴盪，迴盪
這清寒的深山
我拉開蒼穹
那守在雲間的白頂如金銀般閃爍

雨，輕輕地凝住
凝住，又溜進
葉心的層樓
披起煙光
被群山佇候，卻消逝於暮色

沿湖走過
笛聲遠，留長空
當春雪飛落竹屋
映照我心底的月影
是否也上升凝託行雲？

—— 2008.09.14 作
—— 原載全國核心期刊山東省《時代文學》期刊，2009.02
—— 轉載泰國《中華日報》，2009.8.11

當時間與地點都變了

誰在我山花牆下
用盡全身的每一個毛孔
在呼喚我？在那低密而
濃蔭的樹林中，是誰來回地走動

他用凝眸在我露臺上刻了一道痕
在潮濕的小徑上
用焦慮的雙手
呵著氣，突然攤一攤手離去
讓我匍伏的靈魂更接近天空

我百思不得其解，猜不出
那無言的字語
如今，一切都還是那樣熟悉
我看到的世界依然閃動
而你在窗外，猶如在另一個世界裡

一個古老的小屋內有一盞燈
屋外響著一個不眠的步履聲
一顆星在深秋的夜空流浪

—— 2010.12.25 作
—— 美國《新大陸》詩刊，123 期，2011.04

刹　那

當 2：56 劇晃的瞬間
大海忽地
伸出千萬隻猙獰的爪
撲地而來
星空下地貌已模糊不清
哪裡是我美麗的夢園？
何處尋我歸來的愛戀？
那清晰如昨的呼吶
在四野中瘋長
天遙處尚有嗚咽的雲
低婉地訴說 ── 啊眼已灼熱
此一別，丘上
的櫻花
盡情為我而落
烽火的斷牆隱隱遠去
已輻射不到春天泥塑般僵硬的表情
是誰誦經聲
　── 隨風的背影走近
啊生命蒼涼
願為故土中
一粒柔軟的征塵

── 2011.03.25 追悼日本 311 震變而作
── 臺灣《人間福報》2011.04.25

丁香花開

砲聲震過
從驚夢中醒
敵人越來越近

我打傘下山
春天的沿石露凝
破曉的胭脂魚白
草原的生氣不再

鐘響起
慟，我在墓園裏觀禮
送你，悄然地
是一地淡紫丁香的回憶……

—— 2007.11.19 作
—— 臺灣《笠》詩刊，第 263 期，2008.02

遲來的春天

冬盡隱退的殘星
伴著林中寒月
有一種低沉的、流盼之情……

銀湖前
幾株白楊
化為溶溶的藻影
冬蟲甦醒
躊躇滿志的
對著一隻機智的夜鶯

走出小徑
聽得乾葉從桐樹墜地嘆息，突然
一絲絲冷雨
枯條兒動了！
—— 恍若苦守的曙光
漫長，卻漸生

—— 2008.02.28 作
—— 原載臺灣《笠》詩刊，2008.06，第 265 期
—— 收錄中國詩歌藝術學會《詩藝浩瀚》2009.06 出版
—— 轉載新疆《綠風》詩刊，2009 第 3 期
—— 香港《台港文學選刊》2008 第 9 期

山　問

當妳來了，迎向我，重返家園，
山谷裡迴轉，請卸下這束縛的翅膀，
深切問，告訴我過去雲遊的體驗，
告訴我追尋舞踏的變幻；

多想聆聽妳急震的樂音，
訴說妳的天真、嘆息或良善，
只想撐起妳那永不疲憊的風帆，
撫去妳詩意的眼睛隱藏的悲傷；

沉默之月，閃耀顫動的茵草旁，
低垂地淡化著那人間的煩囂，
在聖潔的額上我冒險印一個吻，
鏡湖中凝結著我倒影的遙望……

—— 2008.03.20 作
—— 臺灣《笠》詩刊第 266 期，2008.08.15

寒　松

沒有人可以像你聳立在山中
清絕，靜絕，你本沉入忘我
在小樓的一方
你的坦蕩是雪林的撼動

不可逼視的冬風
掀起了冰霜
在蒼茫的幽徑裡
你，伴著隨階而上的星月
透出了漸次低吟的清音

—— 2008.07.18 作
—— 臺灣《笠》詩刊，第 268 期 2008.12.15
—— 收錄中國詩歌學會《詩藝浩瀚》2009.06 出版

冬盡之後

我期待著
另一季春天的來臨：
它似乎河裡倒影的輕舟
夾岸悠遊。
那山月與老樺樹
映在
雲屋的中央
悄悄地守候。

我拉近時空的鏡頭
調整錯落的焦點：
它卻不停地
按下快門，
一個小鎮
久寒在長思的天外，
欸乃一聲
劃破這黑白畫中的靜默。

—— 2008.09.02 作
—— 原載臺灣《笠》詩刊，第 269 期，2009.02.15
—— 轉載山東省優秀期刊《時代文學》期刊 2009.02

長 巷

這是一條古老久遠的長巷
從來不曾遙視過天際
以及被比手劃腳地解說
我在細雨中漫步，穿過梔子花叢
穿過木櫺花窗
又毫無抗拒地步上梯塔鐘樓
許多青石斑駁的砌牆
而今，在捕捉光線的坑道裏嘆息著

當我躑足盡頭
轉身望去，陽光自流雲中露面
斜入了鏤空磚孔
零星漁火
亮起在山巒的背後
這裏沒有人潮煩囂，也沒有
奇突的念頭
歸路的街燈
正似探訪的螢火蟲
等待逸出……

—— 2008.09.03 作
—— 原載臺灣《笠》詩刊，第 269 期 2009.02.15

水　蓮

以簡
而婉約
歌頌，在水一方
又回到沉思的外貌

而陽光
用心地點描

只有一經晨露了，才在
瞻仰的青空裡跟著
喜悅和凝望

而漂泊的我
也感悟自己的微小

—— 2008.08.01 作
—— 臺灣《人間福報》2008.08.26

坐　覺

我的坐覺是　在俯仰間
如何稟持一種
如水月般的自若

在微雨瀟瀟的夜裡
如何能輕輕想起
那寺院的鐘
破曉的雲和那些葉落
鏗然的聲音
在寒意深重的此刻
如何能在多情的明燈前
默默不語的伴我讀書　對坐
而山雨　悄悄地停了

憶往之夢也真的不再頻頻回首

我的坐覺是　昨日之後
如何讓明天更懂得以一種
無有罣礙的心情　隨緣
喜捨

—— 2009.03.12 作
—— 臺灣《人間福報》2009.05.04

我不嘆息、注視和嚮往

古老的村塘
凝碧在田田的綠荷上
我們曾經雀躍地踏遍它倒影的淺草
看幾隻白鴨
從水面啣起餘光
一個永遠年輕卻不再激越的回音
在所有的漣漪過後　猶響

　　　── 2010.05.15 作
　　　── 刊登中國天津市作協主辦《天津文學》2011.01 期

青　煙

天開了 ——
露珠像明珠似的
掛在瓜棚
笑看著天空

公雞在跳躍
跳在泥牆邊
跳在綠竹旁
跳在水田間
跳在污泥上

青煙升了 ——
一縷縷同爐香似的
在老農夫的心

風中，彷彿聽見……
聲聲呼喚
老伴兒，回來呀 ——
吃飯囉 ——

—— 2007.10.27 作
—— 全國中文核心期刊，山東省優秀期刊
《時代文學》2009.02

剪　影 一

你從五分石的港邊涉水直來
那定是時間的歌雀
啄起不期然的原點

然而　我只能沿著宇宙邊緣
直到幾乎聽不見你堅厚的鞋

啊那腳印　就像冰破的魚
浮向池岸的瞬間

—— 2009.12.08 作
—— 臺灣《秋水》詩刊 145 期 2010.04

剪　影 二

　　昨夜夢的矇矓
　　那等在廣場的靜謐
　　如今朝的雨色淒迷

　　走出地鐵，花傘繽紛的街上
　　妳的影子撚起我心的律動
　　在風中，濕潤的空氣混濁
　　妳的嘴唇似西山的繁霜秋楓

　　我翩翩的羽翼是無間的力量
　　愛，讓我展翅，飛向光芒……

　　　　　　　—— 2007.11.27 作
　　　　　　　—— 刊登臺灣《秋水》詩刊，第 136 期，2008.01

畜欄的空洞聲⋯⋯

畜欄的空洞聲
在暮夏透亮的清晨
是這天際間
最最淡薄的顫動，——

那是泉石的重音
冷不提防地，敲醒我
在一瞬間
又依著小穀上推磨

水鏡的綠意
斟滿了我的思想，
紙莎草遠遠地宣示著
讓愛消瘦，長若雪河。

—— 2010.04.07 作
—— 中國天津市作協主辦《天津文學》2011.01

煙　雲

她是細雨中
故意躲起來的
一片煙雲
從迷濛青空遠眺到宙斯殿
最後自雲中簇擁出
一個搔首踟躕的
太陽

她穿上
白梅般的羽裳
白梅般的空靈
白梅般的清芳
在風中漫步
漫步又輕舞

直到疲憊還綻放了
生命的春天
漸紅，碧紫，又轉淡……
在夜風叮嚀的
夢裡，煙雲
最遠也曾飄過
一個搔首踟躕而又多情的太陽

　　　　　── 2008.01.12 作
　　　　　── 原載《秋水》詩刊，第 138 期，2008 年 7 月
　　　　　── 轉載全國中文核心期刊，山東省
　　　　　　　《時代文學》期刊，2009.02

愛的禮讚

偶然回首，
歲月悠悠以還
一種空靈的秘密，
在記憶中時時晃動；
登上直覺的台階，
和妳撞個滿懷……。

該如何努力構思？
想像天涯海角飄零，
妳鬢髮已泛白；
我只能木立，
對望 ──
那張稚氣未失的臉，
沉在心底……。

妳孜孜追求的，
不正是期待普照的光明；
而我也報予妳
生命中最熱烈的掌聲。
然後，
憑著愛的無邊力量，
在光亮中繼續前行……。

── 2007.06.28 作
── 刊臺灣《人間福報》副刊 2007.07.13
── 收錄《臺灣文學年鑑》，2007 年，彭瑞金總編輯，
　臺灣 "國立臺灣文學館" 出版

破曉時分

在釉綠的霧雲裡，曾經有我苦悶的痕跡
有次驚惶的記憶
如今萬木輕搖霞光
沉入我小小瞳仁
啊，黎明之杖
正閃熠熠的叩醒
我的希望、我的海洋
向酣睡中的櫻草揮舞
向放歸的畜群採擷淘氣

跟我走吧，我的星，在樹梢間穿行
讓四方蟲鳥沉默，還有野菓的呼吸
然後咀嚼詩思，像朵無羈潔白的雲霓
來吧，這葡萄枝頭已綠
也吸吮著雨露滴滴
一支清弦兀自心田響起，恰如馨香的甜菊
噢，這光的榮耀
讓心不再久留於
遲鈍的愛情　快快飛回
那安謐平和的天地

—— 2010.09.21 作
—— 原載臺灣 中國文藝協會《文學人》季刊，
　　2010.12 總 22 期，頁 115
—— 美國《新大陸》詩刊，第 124 期，2011.06

塵　緣

她是隻銀翅的蝴蝶
朝吸蜜液
在金黃的原野
不息地扇動舒翼的
舞姿　在夜露的草叢
停靠曾經綻放
卻已枯萎的花蕊

夕眠後
柔藍的天又見光輝
生死如逢花開
思情清淡如水
等到落了紅塵
才了然虛無
是她今生最大的空缺

──2008.01.08 作
──刊登臺灣《笠》詩刊，第 264 期 2008.04
──轉載河北省《新詩大觀》2009.06，總第 56 期

春日的玉山

美麗的朝霞
在遠離陸地的海面上
緊緊跟隨它的
是忠實的太陽
青青草上露珠
依戀地打濕了褲管
而我專注地，凝視東方
啊，無邊的黑夜
啊，無邊的海洋
還有無數個對愛嚮往的心

是不是
如我深情眺望
它像老鷹一樣沉著而安詳
是不是
像一朵百合在開放
那第一道晨曦般閃動的光
是不是
如自由的標誌
像母親

守護繈褓般堅強

啊，遠遠的
遠遠的
那微笑的黎明
似乎在告訴我
該把痛苦輕輕地釋放
在空曠中
再沒有
那毫不相稱的輕狂
有的只是
我感覺一陣輕微的悸動

想不到
它美麗而龐大的
生命裏竟貯藏了這麼多芬芳
讓我眼淚無法再次隱藏
它那繆斯沉默般的眼神
教我不再彷徨
這或許是它
在無盡的岸邊甜美的呼喚
到如今，我的愛猶然迴響
烙在與島嶼相連的玉山

—— 2011.04 作
—— 台灣《人間福報》副刊，2011.07.12 詩畫刊登

記　夢

一整晚妳的聲音如細浪
泛白了黯淡的星河
我匆匆留下一個吻
在滴溜的霧徑上
或者，也想出其不備地說
愛，其實笨拙如牛

現在我試著親近妳　給妳
一季的麥花，著實想逗引妳
深深地在手心呼吸一下
如貓的小嘴唱和著相酬的
詩譜，叫我聞得到
那逃逸的形跡是多麼輕盈
　── 漫過山后

── 2011.02.15 作
── 台灣《創世紀》詩雜誌，第 168 期，
　　2011.09 秋季號

行經木棧道

黎明，帶著你折射出思想的芬芳來吧
跟著我，來吧，到石涼苔滑的棧道
在岩壁上像個僧侶披著雨帽
親吻安謐中小青草比往年更茂更高
還帶著一切夢想沉睡的白蠟樹
冷杉和山毛櫸
用北方的民間歌謠
把夢想深藏在河流之心的夜空
來吧，把我也變一點兒
哪怕靈魂已凝成一座礁石
根根青草在波浪中起伏

── 2011.05.20 作
── 台灣《創世紀》詩雜誌，第 168 期，
　　2011.09 秋季號

紗帽山秋林

繪下的是你仍然的深邃、呢喃
和偶來微醺的白鷺
灰藍如同群帆，閃閃地漂向南峰後方
那是歌 —— 兀自響起自每一季節的角落
為凱達格蘭子民輕唱又輕唱

風柔柔，四野寂然
雨在硫磺的綠石溪面
雨在天使們歡聚的大屯自然公園
退卻的是秋意的腳步，飄擺著紅燈點點
呵四季從不懂謊言，就像我的心披滿了十月秋天

而後，水聲泠泠，遠山不染纖塵
從天水相連著經聲的蹤影
還有霧，還有草露
恰似天使們把夜的半明擎起
拍打傘花的，是楓香的氣味

這一次回來，葉灑石階
雨在望穿雲路的熔岩上面

投遞那慌亂中的唯一容顏

告訴我，那八萬四千詩偈隨風低吟

是否也淌進遊子的心田，燃起另一種慈悲？

──2009.10.23 作
──刊登臺灣《笠》詩刊，280 期，2010.12.15
──轉載山東省作協主辦《新世紀文學選刊》2010.增刊
──中國《網絡作品》雙月刊，總第 23 期，2010.07 第 3 期

枷　鎖

當愛被拋離其語言
我瘂默
於我視界的原點
於被傾斜的白晝重疊

—— 2010.04.09 作
—— 刊登臺灣《秋水》詩刊，149 期，2011.04

影子灑落愛丁堡上

這是一幅水墨畫
濃淡層次
被你繪描
薄暮中，誰的
影子在長歎？
半幅未完老城倨傲
老的不是古堡
是我髮梢

—— 2008.01.02 作
—— 原載《人間福報》2008.2.1
—— 轉載河北省《新詩大觀》2009.06 總第 56 期刊登

清雨塘

野花飛落，雨繞樹輕舞
池面，像綠蔭的春野
在纏路的水草底下
映出永不退縮的天邊

遊魚笑語低昂
月意是久別重逢的杳然
夜啊，一片雪花消融的哀音
讓天地互相傳看

—— 2008.11.02 作
—— 原載臺灣《秋水》詩刊，141 期，2009.04
—— 轉載美國《新大陸》詩刊，第 116 期，2010.02

北極星

虛數空間悄悄擴展
化成
轉動的線
縱橫宇宙各個角落
正待交會於
兩個圓

我愈往北前進，山徑裡
只有北極星亦步
亦趨
把黑暗驅趕著
向前奔走，而
堅持欲跟我
藏進松林裡面

—— 2008.10.31 作
—— 刊登臺灣《笠》詩刊，第 270 期，2009.04.15
—— 收錄中國詩歌學會《詩藝浩瀚》編書

倒　影

霧靄淡煙著
河谷的邊緣，
你的影子沉落在夕陽
把相思飄浮在塔樓上。

回首，凝視那常春藤的院落。
每當小雨的時候
淚光與植物，混合成
深厚而縹緲的灰色……

　　　　—— 2007.11.23 作
　　　　—— 刊登臺灣《人間福報》副刊，2008.04.22

瑪家鄉的天空

陽光正落在傾斜的綠波。
我的記憶更加閃爍
但沒深鎖。

瑪家鄉。霧氣在谷裡
徘徊聚合。一個靦腆的小孩
在老樹旁玩耍
另一個戲弄著溪流。

我的愛，潛然如松。
看，一隻山鷹，獵起半空。
叼走了什麼？

—— 2011.02.21 作
—— 刊登美國《新大陸》詩刊，123 期，2011.04

雨　意

假如溪雲坐起傾聽
葉心可以舒卷
假如風住的梅萼
依然可以點醒春遲

那麼
是否微弱欲墜的
意志更需
當所應當的精神

甚或地裂天崩
也動搖不了
我將你的愛
隨風拂過
林梢慢下腳步

—— 2008.12.23 作
—— 刊登臺灣《秋水》詩刊，第 141 期，2009.04

傾聽紅松籽飄落

她在斜坡上漫步，宛如紅松籽飄落
雲氣冉冉的星空；
時間與天地稜線交錯
紡在她的紅髮和微笑間；
那阿波羅的杖，那琉璃瓦的雙眸
如此澄澈、如此恬靜，憂鬱卻靈動
在這片蔚然的長白山中
黑暗已輕挪著腳步下沉
傾聽紅松籽飄落
她細細思量
菖蒲的細語，羽翼的蟲鳴
在甜美的歌雀消逝後，
全都鏽蝕而閒置，一剎那
稀微的碎影覆蓋山丘。

—— 2010.05.27 作
—— 刊登美國《新大陸》詩刊，122 期，2011.02

在清靜的茵綠裡

曾經
在清靜的茵綠裡
遠山的目光
斟滿了我的思想
哨聲和羊群於
牛背托起的太陽
如此緊鎖我心靈的故鄉

流動的時光　羅織著細浪
我攜著畫捲兒
嫋嫋來到巒峰旁
一瞬間
我像隻稻花上的介蟲殼兒
醉入你　高聳入雲的殿堂
那是泉石的重音　如此壯闊激盪

當黃昏的淡雲飄來
時間泳於竹樓
鋪滿寂寞的小石上
一切輕浮　彷若雲煙

一片葉
一顆星
讓我的繆思，合起了眼瞼

子夜
大地靜寂
如嬰兒般真淳
畜欄的空洞聲
正推磨著
夜，溜過牧野
貓頭鷹以歌，獨釣空濛

啊，是那歌 ── 牽著我
像個母親
眼眸的溫柔　清亮的呼喚
而靈魂從冰草叢中探出
粗糙的草稿
總賦予我堅定沉著
眺望六月的玉山

── 2010.06.02 作
── 刊臺灣《新文壇》季刊，第 22 期，2011.04

山桐花開時

窯在燈下，柴燒昨夜
相思落灰，遲遲；
縱橫撲滿衣袖
我在風中打旋，繼續流轉你的
清澈眼眸，背倚昆蟲
聆聽通氣室裡煙囪爆燃的聲音
紛紛翹首，一隻隻彩蝶與白鷺
也跟著顧盼，低語
不休

落花在水天之間，但見
暮春西落
返影遁入石橋，五色鳥
在隱現中翩然回返
悄然佇立，油桐枝上
靜凝如蓮

急驟的雨，總來得不是時候
幾度敲醒，漾著盼望
漾著心情，點點 ——

滴滴 ──
交錯的足音
穿梭如魚

啊，那慌亂中的
容顏，在這一季叢山中閃爍著
靈光，仿若捲起千層白浪
唯一的半帆⋯⋯

── 2008.10.11 作
── 原載臺灣《乾坤》詩刊，第 51 期，2009.07
── 轉載臺灣《人間福報》副刊 2009.08.03

望　海

你的影子像一夜曲，自平鋪的星空踏響
那可是
怒放著漁火的傲岸啊
正顫悠悠地，悠悠地聚力演奏
我穿遊在音符與音符間的譜面
而是否眼角的鹹澀
早已望成了一彎月牙？

—— 2009.12.23 作
—— 刊登臺灣《乾坤》詩刊，第 57 期，
　　2011 春季號

山　茶

清秋
石階邊的姿影
一瓣一葉的零落
被雨洗得白淨
一隻蜻蜓貼近飛旋
閃著銀光的花朵

繞樹
牽山畔默聽
流泉潺潺
人影雞聲
而我忘了秋雨
山茶
也立在風中

—— 原載《人間福報》副刊　2008.07.10
—— 轉載中國新疆省《綠風》詩刊，2009.03

老　樹

放眼在苦苓腳古道
等候
從鐵國山歸來的風
把塵事一一卸下
還給這黃昏最後的從容

不管那些路過的怎麼說
這是只屬於我的夜空

我已然看見
銀河西岸……今夜
即使是這樣荒涼的村落
也擠滿了
一顆顆發亮的眼珠
這是唯一的，甜甜的，笑容

　——每當我說故事的時候

　　　　　　　　　　—— 2008.12.06 作

旁白：桂林老樹是雲林縣古坑鄉一棵擁有 200 年歷史無患子老
　　　樹，村落以苦苓腳古道、老樹與鐵國山的柯鐵虎抗日事蹟
　　　最為人津津樂道。

—— 刊登全國中文核心期刊，山東省優秀期刊

《時代文學》2009.02

西北雨

電光是雷聲
展開了詛咒

風奔波
雨淚落
深情的虹
凝聚成
許多一瞬中的
閃動

—— 2008.07.11 作
—— 刊登美國《新大陸》詩刊，109 期，2008.12

九份黃昏

初夏蹲踞的霧氣散後
小鎮開始從回憶中醒來
茶樓與紅燈籠高低錯落
古老的礦坑仍殘留著
些許漫長蕭瑟的夢
驀然回首石階前我瞥見
在褪去的灰空下我們曾緩一緩腳步
在落羽的山風與一朵朵傘花中

—— 2011.02.20
—— 刊登臺灣省《文學台灣》第 79 期，
　　2011.07 秋季號

黑夜無法將妳的光和美拭去

當地平線第一道黎明
向酣睡中的森林歌唱
牧場在潺潺小溪的霧雲下甦醒
所有的眼睛都注視著
妳，活著的意志，眉宇的神情
已不再遲鈍沉悶
跟我來吧，像遠空之鷹
在翠嶺間自由穿行
聽萬木的呼吸，雛鳥的輕啼
那蜜蜂，正採擷清甜的汁液

我的愛，在微風的枝上久留
縱然剎那，就讓宙斯尋思
為妳而閃明，在綠蔭的沉默裡
旋律從我心底響起，在妳呼喚之際
黑夜無法將妳的光和美拭去
恰如魚躍湛藍的海面
林間松鼠的活潑與歡愉
如果這就是愛情的開始
我願啄破網住自己的堅殼

向毫不察覺的妳 ── 展開翅羽

噢，如果眾人之主聽得見
我真切地祝禱，而地域也不再有距離
就讓這峽谷捲起回音吧
細弱的和風已頻頻翹首
無人能與我結伴
在這條石徑上緩行
跟我來吧，跳支月光舞
萬木跟著妳的腳步而拍手
妳曼妙的形象是淘氣的精靈
確已創造了我生命的泉源，萬古常青

　　　── 2010.06.27 作
　　　── 刊登美國《新大陸》詩刊，2010.12，第 121 期，頁 16

愛無疆域

對愛情有時同樂音般
一個音符輕起
宛若整個森林在旋轉
在沒有疆界之處
時間是唯一會呼吸的海洋

愛人啊，可曾將一切痛苦
一針一針地縫合？再穿上肺腑的冰雪，
即使切切的流泉
也是歌聲亂，顫顫索索
迎著低斜的紅太陽

誰說愛情是有希冀的方向？
是找不到真理的天堂？
是為愛而生的力量？
是絕對的孤獨，無法呼吸的想像？
如果可憫也算上相對的悲歡

愛情是宙斯沉默下急遽的心律聲
是一個夜夜聽到馬蹄

都會屏息以待的荒唐
是比星月還第一
游向遙遠無終的海岸

—— 2010.06.18 作
—— 刊登美國《新大陸》119 期 2010.08

正月的融雪

在最遙遠的北方，
從揚威的落影我窺視激越，
它們遮蔽彩虹和天梯的距離，
恰似飲泣的重圓。正月的融雪。

槐花相思不變，
羞紅間又披上山雨，
急急走尋的風
貼進張望：一朵探頭的花，
一片葉，一顆星，
都紛紛投遞 —— 再熟悉不過的笛音。

—— 2009.10.14 作
—— 刊登中國《網絡作品》雙月刊，總第 23 期，
2010.07 第 3 期

又見寒食

雨添了許多聲浪
終將風吹在冰透的臉龐
而朝旭未露　泥路有馬車答答
從松嶺下來　迂迴繞過
是誰拂著樹葉漸漸被涼掃淨
投下更其烏黑的影
在遍地的濃溼中閃明

總是在想起妳的時候
急急地前進
妳聽，那春雷不經意地響了
四野的蛙鳴在淒切中開始
跟隨我依近竹籬外的青墳
我的愛
跨越千載　歸去
已是黃昏

　　　　　　　　—— 2009.03.20 作
　　　　　　　　—— 刊登美國〈新大陸〉詩刊，112 期，2009.05

讀　月

踏月的馬蹄
如拾一朵朵相互扶曳的晚雲
只有風的相留
還與一點一點的清露掩於山枕下

那是夜的寒光
妳的愁眸？
噢，總叫我想化為
一葉舟　在萬頃波中
有否更行更遠
把一切的歸夢
都斟滿，直到
靜謐如井

踏月的馬蹄
如飄過一朵朵悠閒而去的晚雲
只剩春雪不停的下
沒有一處缺空

—— 2009.01.28 作
—— 臺灣《人間福報》副刊 2009.09.23
—— 美國《新大陸》詩刊，第 111 期，2009.03

北　風

經了萬年雪
再遠的路
也會奮起攀過
彼岸遙望

輕雲在山口等候
故鄉的面孔越來越清
在無止盡的漂泊裡
眼睛，偶爾也會隱隱，作痛

一顆孤星仍在亭臺
在茱萸依然盈手的階下
閃著如朝露般的未來

　　　—— 2008.11.11 作
　　　—— 原載臺灣《人間福報》副刊，2009.01.16
　　　—— 轉載美國《新大陸》詩刊，第 109 期，2008.12
　　　—— 山東省作協主辦《新世紀文學選刊》2009.02

小　鴨

我蹣跚地來回踱步，
望穿這泥路
到另一邊半枯的槐樹。我凝視，
那破舊的草屋。
從一隻矮灶到夜風刺骨。
啊——是熟悉的步聲！
熱鬧的饗宴已經開始。

三條腿的低凳，
正邀請裂縫的鍋爐跳舞，
在竹籃的野菜裡，我振開雙翅
拍拍，歡呼。

—— 2007.11.14 作
—— 原載美國《新大陸》詩刊，109 期，2008.12
—— 轉載中國　全國中文核心期刊，山東省優秀
　　期刊《時代文學》2009.02

獨　白

如果可以
我想在妳心底
搭一座機會的橋
漏出了一線明亮的
天藍

磬
與鈸 ──
迴繞著遠樹
倒映這岩上的積雪
直是靈隱深處的
佛音

啊，若能化曉鐘
叩門，心湖也留下妳
珍藏的情真，我便
以山的俯視
和海的低唱
踏浪飛回

── 2008.06.07 作
── 原載《人間福報》副刊 2008.07.18
── 轉載全國中文核心期刊，山東省優秀期刊
　　《時代文學》2009.02

穿　越

風的愁眸
懸在黑潮間
村林暗下來。點點木舟
泛著灣邊隆起的
荒涼，堆滿後灘

我穿月而來
輕彈這薄弱的時間
直到夜一同瞇起眼
不再開啟希望之弦

看靈魂如飛魚在光中潛躍 ——

—— 2010.01.19 作
—— 刊登山東省作協主辦《新世紀文學選刊》2010.03

回　憶

一隻
飄揚的
空間之鳥
正從畫室的窗口
以舞者的身姿
急閃而過

它的翅羽
像帷幔般
雪白而憂傷
望著我
當它棲息之際
我祈禱
它的影像
變得明晰又簡單
在閃耀的虹彩中

—— 2009.06.04 作
—— 刊登山東省作協主辦《新世紀文學選刊》2010 增刊版

可仍記得

好想走出窗外
直駛到海灣的心裡去
在另一片秋雲下
掠過一葉一葉的歸帆

可仍記得
帶著微吟的流泉
繞過我的彌望
暮霞也漸隱杳然

當漁火，溫煦的，彩繪波紋
我，已停止每一分的波動
那只是個富麗的溫柔
仍守在無重力的時空

—— 2008.05.16 作
—— 原載《人間福報》副刊 2008.09.11
—— 轉載山東省作協主辦《新世紀文學選刊》2009.02

無言的讚美

我和西天
追趕不上的雲朵
聚在環礁

薩摩亞的藍湖初醒
對著我微笑
又將我籠罩其中

隱隱的朝霞背後　露出
蘋果也似的
笑容

—— 2008.12.21 作
—— 原載臺灣《人間福報》副刊 2009.02.06
—— 轉載全國中文核心期刊，山東省優秀期刊
　　《時代文學》2009.02

在秋山的頂上守候

我從石井潰流
那綿亙的蓮花岩
如屏風守候

清波綠影
八月的陽光斑斕
妳的無邪
輕輕地開展山影顫動

炊煙升起
柿樹的黃葉零落
我在頂上等妳
等妳是澹白的一片霧光

我浮蕩的孤帆是單調的言語
發光的月
是我碎成幾塊的江心

—— 2008.01.11 作
—— 刊登臺灣《人間福報》副刊 2008.06.06
—— 轉載河北省《新詩大觀》2009.06，總第 56 期

黎明時分

在七星山的斜月坡
鳥羽般雲彩上

萬物沉睡於水藍之內
不理風的糾纏
而後，金陽端詳著
我荒漠的心
等待黎明

那歌雀撲爍於老林
恰如森林小夜曲
或愛情的弦音
藏匿濃密幽謐間

—— 2011.02.20 作
—— 臺灣《乾坤》詩刊，2011 秋季號
—— 山東《超然》詩刊總第 15 集 2011

問　愛

在深不可測的眼神裡
我無法判斷
哪些是真實哪些是謊言

籃子裡的貓，瞇著眼
打了個呵欠
回答了所有的問題

牠懶洋洋地蹲伏於窗口
知道我無法逃遁

最後牠輕輕踱向我
彷彿愛情根本不存在過
除了這晦暗的雨中寧靜

—— 2011.01.16 作

三義油桐花畔

我似一隻漂遊的秋鷺
輕輕地振翅在苗田
又依傍著斷橋　溪邊
突然眼前一片清碧桐顏
它們開滿客莊，開在古道茶園

它們旋舞如纖細的煙縷
它們從彎曲的路頭在伸延 ——
在通往木雕博物館的小徑
慢條斯理地探尋我的靈魂
剎時鐵道的叫賣聲忽近忽遠

看啊，青山載著同一張笑臉
我的心隨雲火龍跳起舞盪
在靜謐花香的路上
一根稻草銜來一個春天
讓理念瞬間倏閃，相思成五月雪

—— 2010.12.06 作
—— 美國《新大陸》詩刊，124 期，2011.06

憂　鬱

憂鬱，憂鬱何以如此淒美
讓佈滿蝶豆的山丘凝固
在我因妳而心痛
絕望的呼喚中
天空是那麼荒蕪
大地是那麼沉寂
在一小青墳的邊緣

噢，那童真的笑容
和海上的殘雪
在夜的顫動裡升起，牽著
渾無忌憚的風
將我層層包裹
無視於我的心在到處摸索
直到被銳利的月牙劃破

憂鬱，憂鬱何以如此神秘
讓嬌嫩的花菱草黯然
在被淚雨淋濕的記憶中
黎明是多麼緩慢

生與死彷若無間
只有愛
耀眼的光輝……

—— 讀山東大學詩人高蘭的《哭亡女蘇菲》
有感而作。
—— 2010.11.12 作
—— 刊登中國遼寧省盤錦市詩詞楹聯學會
《盤錦詩詞》2011.壹·貳

雖已遠去

在湖濱的秋聲
和萬葉的晚煙之間，
一行白鷺
飛起，如幻夢。

聽，夜蟲為誰而泣？大自然
又超乎尋常地將我包容，
可憐的風　繼續
擔任勇敢而坦蕩的角色。

—— 2010.06.16 作
—— 臺灣《乾坤》詩刊，2011 秋季號

墨 竹

我從畫中出來
夕陽
輕輕暈染山頭
一朵雲藏在岩後
帶著一種，穿過黑暗直立海心的
獨走，停駐燈塔片刻

漫步老街小巷
晚風正酣
烘乾了我的汗顏
那徐徐的斑斑的瘦影
跟著我細數歸舟
等待破曉　點破天光

—— 2008.10.21 作
—— 刊登臺灣《人間福報》副刊 2010.3.10

歲　晚

暴風雪一過，
小巷更亮了，
一身白的墨水樹
彈撥，枯守兩邊的布坊。
誰是等待那黎明之鐘的？
是她？在小院的矸石上——

夜被輾平了
睜開那戚戚的眼睛
於是另一記微弱的
滾軸聲，一聲聲
催起……三峽老街的天明。

—— 2010.01.10 作
—— 刊臺灣《人間福報》副刊 2010.2.26

漁　隱

黃昏奏起了號角
銀河被四海圍繞
飛瀑在天，直下
崖外，終歸飄向江淮

我把崇山的
清風，逐入連雲的小船
櫓聲隱隱，有
縈迴在耳
在星空中低喃

暮鼓敲響，這
深冬早寒，我
從迷霧中走出 ——
失去的故事
已然不回……

—— 2009.09.26 作
—— 原載臺灣《人間福報》2009.10.26
—— 轉載美國《新大陸》詩刊，115 期，2009.12

愛的實現

我站在帷幕的光影下
面對觀眾的一片驚愕
以歌，以風中之舞，以飛鳥的孤單嚮慕
輕柔地用腳尖跳開。演出自己像一湖水
漾著溶溶的月，只有在被舟子蕩槳
的黑影浮動中才可聽到歎息的蘆葉

對岸那棵白楊等了三千個夜才把身影拉長
綠柳，荷花、海燕
全都冒雨迎風趕來西堤赴會而又消逝為
一片星光，或許你已忘記十
年不變的諾言
諾言，其實無法實現
偶然回首，今年的蘆葦又雪白了頭

—— 2007.12.31 作
—— 刊臺灣《人間福報》副刊 2008.02.20

暮　鴉

就在那平野上端
像縷縷飄泊的飛煙
牠們，目不轉睛地
北顧，懷繫
使人傷感
又像山花般飄過梵林
多麼妙微
多麼靜寂
多麼驚歎的
休止音符……
而我也慢慢明瞭
最閃爍的飛翔
為什麼總是在
向晚的天空

—— 2009.07.12 作
—— 刊美國《新大陸》詩刊，155 期，2009.12
—— 山東省《超然》詩刊，12 期，2009.12

燈 塔

睥睨著潮來潮往
不經意地銜起一塊小貝石
極目眺望
等待每一個遊子
等待船歌和星月
當時間的巨掌
啃蝕莫名的憂傷

我是沙
我是浪
我循著足跡
找尋曾經的疆場
是你
把每個期待的眼神
照得更璀璨

── 2011.01 作
── 美國《新大陸》詩刊，2011.08 預稿

致黃櫨樹

我看香山 ——
紅黃且橄欖，
在秋陽的斜坡，
欣喜且悠然。

那不斷的呼聲，
帶我到何等的極限？
我如果追隨 ——
將如何學聽法松，
寧謐地，於萬株叢，
不論晴雪。
甚或夏雨。
亦或你近旁的滿地銀杏，
也吹皺爐灰的星空。
霧，溜進寺外，
風從東吹來。

—— 2010.10 作
—— 美國《新大陸》詩刊，2011.08 預稿

一棵雨中行的蕨樹

一絲絲
細似蟲聲的雨
直下……
直下……
隱藏我於
炊煙淡起的霧邊

被風吹白的松林
都紛紛翹首，聽歸雀聲圓
而以擁抱的姿勢
印上我腮邊的吻
我已咀嚼到孤獨原是
──難消的念

愛人啊
我撥開花謝
花亮的髮辮
望落
守候千年不歇的
一江明月

── 2010.12.18 作

在霧掩的絕頂上，我醒著

耕牛的牧歌：
紅日親吻它。
田水的雲影，
山雀啣接飄泊。

是生之韻嗎 ——
思想在飛旋：
既哼唱著也無駐足，
我的驚異溢滿樹間。

這裡沒有虛偽，也無戚悲：
在霧掩的絕頂上
我醒著
噢！一個啁啾的夏夜。

—— 〈紀念雲南省哈尼族祖先，開闢元陽梯田有感〉
—— 2011.06 作

又是雨幕的清晨

我無法忘懷那凋萎之夜，
我無法召回潺潺的泉水，
我無法聽到那風笛
在廣場裡呼喚綣曲的聲音。

那遍插的茱萸永少一人，
你無法讓他重生。
愁雨裡的孤燈又怎能
抵得住我綿綿的思情？

年年的花祭已隨風而逝，
時間又擱淺在無言的桌前，
仲夏的驚雨喚不醒你的沉睡，
莫非你已不再理會躊躇的明天？

那風笛已經離開很遠，
遙遠天邊有星子徘徊，
徘徊在星空的天使的樂音，
也已充滿了溫柔與慈悲。

昔日在寒夢中重返的尊嚴，
已站在希望之花擎起的蒼穹，
心中只剩下不熄的意念，
呵六月，逝去的你永不復歸。

　　　　　　　── 追悼「1989 天安門事件」
　　　　　　　── 2011.06.04 作

靜谷之憶

塘鴨的細影，是僅存
的眼中，光溫柔
如夜遮於星
諦聽著曠野的孤獨，似薄還濃

軟茵的草露，隱蔽在
午夜清寒的煙波，密密漾出漣漪

啊，這荒蕪的小樹林裡的風
風永遠無站，一隻鷹隨行左右
── 弱枝也努力強冒出頭

── 2009.08.27 作
── 刊遼寧省《淩雲詩刊》，2010 第 3 期

早　霧

窗臺外，遠處木犁
空蕩蕩地
單掛在田壟
那兒，山煙之上
妳瞅著我，有好一陣
接著，我倚上沙發閉上眼睛
有如羊在霧中
想起了那年
瑟縮的二月
——透一股清冷

那是多久前的事兒了
我懷疑地問：
夜裡吹亂我頭髮的風
從上面經過　回聲
落滿了河谷
過去的日子彷彿
一切都很重要
又都不很重要
就像早霧頑皮地溜走
說了等於沒說

—— 2011.07.04
—— 香港《圓桌》詩刊，33 期，2011.09 預稿

十月煙海

寧願沉默於樹下
　似浮雲縱容於凌空
　即使幸免殞落
　那黑夜把紡線交織
　變成
　一根天堂之羽，
　是轉瞬即逝的。
　後來我聽到了稻稈
　在清溪的小河畔呼喚：
　它估量到了
　春天的顏色。

　　　　　　　　　—— 2011.07.22
　　　　　　　　　—— 香港《圓桌》詩刊，33 期，2011.09 預稿

附錄一：

古詩四首

── 臺灣《乾坤》詩刊 2010.04 夏季號第 54 期

1.〈暮春〉

星落桐花路，
仙源幻亦真。
鵑啼歸去也，
拾夢有詩人。

── 《乾坤》詩刊 54 期，
　　2010.夏季號

2.〈默喚〉

鐘聲盪漾送幽香，
玉笛橫吹引興長。
九點齊煙迷皓月，
如何浪子不還鄉。

── 《乾坤》詩刊 54 期，
　　2010.夏季號

3.〈湖山高秋〉

蘆花翻白遍丘巒，
獨釣楊堤月影殘。
乍聽哀哀零落雁，
西風兩鬢不勝寒。

——《乾坤》詩刊 54 期，
　　2010.夏季號

4.〈秋盡〉

漁帆波逐去，
暮靄襲田翁。
漫道生涯苦，
何曾識快風。

——《乾坤》詩刊 54 期，
　　2010.夏季號

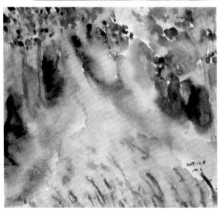

附錄二：

心靈與大自然相通

山東大學文學院吳開晉教授

　　臺灣女詩人林明理，既是詩人，也是畫家。有人評價她的作品：詩中有畫，畫中有詩，正如蘇軾評價王維的詩畫時說的那樣，對此，我很贊同。但是，我認爲還有一個最突出的特色，就是她的詩作和大自然息息相通；是風，是雲，是花草樹木，還是山石河流，在她的筆下都是有生命的。如果用擬人化來說它們，就未免太表面了。在我看來，正是由於她對大自然的一種摯愛，並把自己融化在大自然中，才會把自己的心靈交給大自然，同時，又伎自己的心靈同大自然的萬籟之聲相共鳴，才發現了大自然的美，也找到了自己的情感、感覺的載體和物理學說的那種"場"。德國詩人席勒在《素樸的詩和感傷的詩》一文中曾說：詩人或者就是自然，或則尋求自然。明理正是這樣，她的詩作所體現出的韻致已和大自然和諧無間了。現在看看她的作品。

　　在她的認之爲書名的《秋收的黃昏》一篇中，大自然中的樹木都是有生命的。開始，她先用兩行簡潔而形象的文字，把秋的背景寫出："紅霞一抹，歸雁/嫻雅地劃破天際"，接著，她筆下的景物便都活動起來："岸柳，蘆花的豐白仍蘇醒中/在槐葉轉黃裏隨風飄動/並邀請秋葵與栗樹／ —— 互訴靈趣"。下面又來了一段對事實豐秋收喜悅的農夫的描寫。這裏不但把歸雁寫得有人的情趣，而且岸柳、蘆花、槐葉、秋葵、栗樹都互訴靈趣，愉快地交談起來，而農夫和詩人自己也似乎加入了這場秋的奏鳴曲中。

在另一佳篇《雨夜》中，不僅寫出了詩人心緒的茫然和期盼以及淡淡的哀傷，而且，雨絲們也出來營造這種茫然和哀愁的氣氛，頗爲引人心魂。看，這是一個多麼淒冷的雨夜啊："夜路中，沒有／一點人聲也沒有燈影相隨／在山樹的盡頭，眼所觸／都是清冷，撐起／一把藍綠的小傘等你。"詩人一下就把獨特的環境氛圍烘托出來了，自己的心緒和焦慮也同時體現出來。最精彩的是下面："雨露出它長腳般的足跡，／細點兒地踩遍了／壘石結成的小徑／讓我在泥沙中／心似流水般地孤寂／／我用寒衫披上了我的焦慮，／幾片落葉的微音，卻聽到／那連接無盡的秋風細雨／／竟在四野黯黑中出現和我一樣的心急……"雨似乎也理解詩人的心緒，又用它的又細又長的／濕漉漉的腳編織泥沙和詩人心底的孤寂。這兒，人和雨是相一致的，詩人的心已全交給這雨夜了。

作爲一位女性詩人，明理還有特別細膩的藝術感覺，這樣她才能更巧妙地把握自然的奧秘。如在《等候黎明》中，把燈光寫成"把鐵窗切割成紙畫"，又說"月光如利刃"，劃過了數不清的歲月；《愛的實現》中，寫白楊等了三千個夜才把身影拉長，而真正長高；《青煙》中又寫露珠在天開雲散之後，"像明珠似的掛在瓜棚，笑看著天空。"詩人的筆下，各種自然景物是多麼靈動和鮮活啊。詩人的心已達到"物我情融了。"

此外，明理的詩，語言上凝煉、潔淨、富有質感；韻律上也如行雲流水，朗讀起來很順口。英國美學家貝爾曾說："藝術是有意味的形式"，而明理的詩，在形成上也是很有意味的。願她更上一層樓，越寫越好。

—— 寫於 2009 年 4 月於北京

—— 臺灣中國文藝協會會刊《文學人》季刊總第 18 期，2009.05

附錄三：

一支浪漫的笛琴 ── 讀林明理的詩

中南財經政法大學　古遠清教授

　　林明理近年來詩歌創作成績豐厚。她那唯美抒情的作品，感動了不少年輕人。過去教書之餘，寫文章她偏重於政經社會，關注的是環保議題，現在寫詩則追求純美境界。無論是繪畫還是寫詩，林明理的作品均是一支浪漫的笛，向那紅塵十丈輕吹：

　　　　我從石階前坐。望新雁低翔而過

　　　　細雨，花飛，冉冉炊煙

　　　　在夜夢裏，窗外春雪伴我眠

細雨綿綿，迷迷濛濛；花飛花落，時隱時現；冉冉炊煙，若有若無。著墨不濃卻給人清新綺麗之感，其效果遠勝於濃妝豔抹的彩繪，後面再配上飛雪，春眠，夜夢，爲新雁低翔的畫面渲染了氣氛，不愧爲融畫法入詩的唯美佳構。

　　詩人創作貴在以一當十，以不全求全。古代文論家所謂"以少總多"，畫論家所謂"意餘於象"，講的均是寓無限於有限的藝術功力。作爲詩人兼畫家的林明理，深諳此中三昧，像《等候黎明》頭一段："把對岸的屋宇加點光／鐵窗割切成／紙畫"，用誇張的手法勾畫了黎明前的總輪廓。說是總輪廓，其實是以屋宇加一點光的"不全"來表現"等候黎明"之"全"，也就是用遠眺的"一"表現近景的"十"。第二段寫"乃至欸乃一聲／方驚醒

／今夜月光如利刃／已劃過數不盡的／年"，於屋宇中聞遠處櫓槳欸乃之聲顯得悅耳怡情，黎明前的景色變得更爲可愛，這真可謂是繪聲繪色。這裏說的"繪聲"，是指對欸乃一聲的描繪；"繪色"，是指對月色的表現。詩歌要做到聲情並茂，就要把"繪聲"與"繪色"結合起來。該詩結尾"風吹散每一歎息／都那樣久遠久遠了／是明天／且期待重生／親愛的，你會來嗎"，這裏對親愛者的呼喚聲描寫比起寫人的音容笑貌更有藝術魅力。因而，相對來說，寫黎明前的暗色比"歎息"一類的"繪聲"難度要小一點，因爲色彩屬空間範圍，有一定的物質形式；而歎息聲，屬時間範疇，是隨風飄散稍縱即逝的東西。它無形無色難以名狀。如捕捉不住，描寫不準，不傳神，就會削弱作品的真實感，很難在讀者心目中留下深刻印象。

　　靜美和壯美，是大自然兩種不同境界。作爲女性詩人，林明理雖然也寫過"炮聲震過"的壯美，但顯得牽強，並不十分成功。應該說，她更拿手的是寫靜美，但她筆下的靜美不是近於空無，而是有"一把藍綠的小傘"作陪襯；幽暗也不等於孤獨，而是有你做伴。同樣側重寫靜美，《秋收的黃昏》色調明朗，在嫻雅的基調上浮動著一抹紅霞和劃破天際的歸雁，蘊含著活潑的生機；而《默喚》則不免帶著"孤獨的，徘徊於堤岸"的中世紀憂傷色彩，儘管還不至於如碎銀般枯寂。

　　本來，無聲的寂靜，無光的幽暗，有許多詩人表現過。但像《雨夜》這首詩中所寫的落葉的微音，燈影的幽暗，則是作者的獨到之處。林明理正是以她特有的畫家對色彩、聲音的敏感、才把握住茫茫夜路中所顯示的清冷、孤寂的境界。而這種敏感又和她對無盡的秋風細雨的細緻觀察，對山樹底盡頭的潛心默會密不可分。

　　林明理身在都市，心在山水，以遊走於兩者之間的 "兩棲人"
姿態出現在讀者面前。她生活的城市不管有多少高樓大廈和霓虹
燈閃爍，但她最心儀的還是 "綠柳，荷花，海燕"。林明理永不
忘自己的精神原鄉，並深入傾聽莊稼的呼喚和不忘走盡田壠的老
農，這就難怪她筆下不是 "丁香花開"，就是 "愛的禮讚"：一
派質感親和，情深綿邈。

　　　　　　　　　　—— 刊登中國《文藝報》，2009.07.05

附錄四：

詩情畫意的天籟清音

── 讀臺灣女詩人林明理詩畫集《夜櫻》

華僑大學華文學院莊偉傑教授

　　女性藝術家的美學意蘊往往是懸於感覺而難以把握的，這恐怕是呈迷宮式的女性精神世界的特有內在構成所決定的。臺灣女詩人林明理新推出詩畫集《夜櫻》（臺灣：春暉出版社 2009 年版），以獨特的女性視角，匯合了詩與畫互文映照的藝術感覺經驗，傳達了一位現代女性對自然世界幽微而敏銳的體悟。閱讀著那些彌漫著詩情畫意的作品，仿佛諦聽到一片天籟清音，攜帶著一種浪漫色彩的氣息向我撲面而來。文字和畫面背後呈現的靈動風景和視覺語言，在不動聲色中像月下的"夜櫻"，為我們飄來了一支"幽玄"的小夜曲，讓人在呼吸中陶醉於閱讀之後的美的形式裏……

　　其實，女性本身是一個富有詩意的性別，不僅意味著女性的誘惑亦即藝術的誘惑，更在於女性特殊的生物本體的自然存在，給予女性獨有的精神構造，這恰恰是女性與男性有著明顯不同的緣由。作為女性詩人，林明理詩歌的表達很平和很溫婉很有情趣。她不像許多詩人、尤其是男性詩人的表達那樣，或憤世嫉俗，大悲大喜；或任情宣洩，大開大合。在她那裏，有的是古賢那種"萬物靜觀皆自得，四時俱興與人同”的心境，並以五彩的筆觸，狀繪出如在眼前的美境和詩思，似一天星斗沉睡於水中，平靜地等待著生命中的又一次柔美的蕩漾。令人在駐足觀賞之際，感受到為之動容的那份清澈與悠遠。

　　“雨露出它長腳般的足跡／細點兒地踩遍了／壘石結成的小徑，讓我在泥沙中／心似流水般地孤寂”（《雨夜》）；“風知道她來自古老的故鄉／歷經萬險／只為一個不變的諾言／像一個月亮。”（《瓶中信》）；“我從石階前坐。望新雁低翔而過／細雨，花飛，冉冉炊煙／在夜夢裏，窗外春雪伴我眠……”（《春雪飛紅》）。回味著這些通脫而清遠的文字，令人目不暇接，沿著作者打開的思緒，去尋回焦慮的現代人那久違的自然造化特有的質感及與人的親和力。我們知道，詩與自然的關係應是恒久的延續，詩是自然的激發與回應，並與自然構成內在的對接。“我用寒衫披上了我的焦慮／幾片落葉的微音，卻聽到／那連接無盡的秋風細雨／竟在四野黯黑中出現和我一樣的心急……”（《雨夜》），在這裏，人用心境（焦灼等待）狀寫風景，風景本身也蘊含著一種心境。誠然，自然之美包羅萬象，幾乎所有的美都與人的心境息息相通，風景宛若心境的坐標系。但自然決不會因詩過多的關注而產生異質反應，自然依舊是生長的自然，詩仍然是行動的詩。傾聽萬物，善待萬物，讚歎萬物，不僅是生的福祉，也是詩的福音。因為自然的永在性註定詩或畫或其他藝術形式，只能是自然的另一種補充，是生命認知方式的新的灌注。或者說，那是藝術家再造的“第二自然”的方式。自然生長萬物，也生長詩歌與想像，把詩帶入另一種（精神）空間，即在自然的身上對自然進行重新命名或定位。於是，在尋找詩意的心靈門前，萬物都在悠悠低吟、回蕩清音。

　　瞧，女詩人在《冬盡之後》期待春天的來臨，一但拉近時空的鏡頭，那"久寒在長思的天外／欸乃一聲／劃破這黑白畫中的靜默。"穿行在一條古老而久遠的《長巷》，"許多青石斑駁的砌牆／而今，在捕捉光線的坑道裏歎息著"。面對著"將自己疊成千堆雪／飄向海岸／追逐著叮嚀迴響"的跳躍《浪花》，或聆聽著《夜之海》中那"小浪沫，撫拍著搖籃／催眠低唱。"則自生一種輾轉反側，喚醒清夢的體驗。耐人尋味的是，女詩人即便靜處於《燈下憶師》，也能發現："窗臺外／一朵茉莉花默然低頭／離我遠遠地天籟／正鼓蕩我的耳膜"。這種出人意表的詩性感覺所泛化而縈繞的回聲，綿延出一種空靈的美感來。這種空靈美可以從古典自然風景詩中尋出諸多相承相因的脈絡；而那份明淨，恐怕是來自長期與作者相伴相生的柔麗風物的無聲浸潤和氤氳。女詩人曾以一行詩吟詠《寒梅》："清而不寒彷彿比雪花還晶淨"。徜徉在歷史文化的長階回廊，她的情感意緒也常常著落於單純的美感上，以尋求一種純淨而自然的生命狀態。這種"比雪花還晶淨"的精神姿態，或可理解爲"素心如梅似雪"，並當成一種美學觀念來看。其中所折射的既有儒家的中和思想的浸染，又有佛家的清寂簡靜，慧心覺悟的潤澤。因而，無論是寄情於清風細雨，寄情於山雲、水蓮、寒松、草露、青煙，或夢橋、或望鄉、或夜思，儼如絕慮凝神的佛門高僧都喜歡深山古寺一樣，因自然風景的存在而給人以無盡的遐思與啓迪，並獲得一種心靈上的釋然與感化。

歲月漫長，許多事物都無聲地遠去了、或消失了，唯有那些文字還在，它們敞開了自身，字裏行間呼吸的氣息，接納了我們的肺腑、心跳和脈搏。閱讀林明理詩畫集，有一種被牽引的愉悅，這是古人所謂的"情景交融"的領地，無論是色彩的濃淡還是意象的動靜，無論是重心的升降或景觀的遠近配置，其中所展示的物象之景、情感之景，都是心造之景，只要與人交會，就成爲了情境和意境。這種筆墨意韻，讓人聯想到中國詩歌與繪畫的緣脈，唯有用那句古老的名言"詩情畫意"，來探討作為現代詩人的詩畫聯繫的生命之緣。因為在中國藝術家看來，觀照宇宙，淨化提升人格和觀照美，與追求意境是同步的。所謂意境，乃指詩、畫等藝術作品憑藉匠心獨運的藝術技巧所熔鑄成情景交融，虛實相生，能深刻表現宇宙生機或人生真諦，使審美主體的身心超越感性具體，從而進入空間無比廣闊的藝術化境。當然，以此來審視林明理的詩與畫，可能有點苛刻。不可否定的是，她通過留連於湖光山色、自然風物去尋找靈感之源，並在有意無意中以現代人的眼光狀寫如在眼前之境，在傳承"詩中有畫、畫中有詩"的傳統美學觀中，的確尋找到屬於自己的精神去處和表現空間。而流溢於其中的人文情懷和宗教意味，尤其是個體人生體驗，彷彿躍然跳動的音符，在滾滾紅塵中恣意飄蕩，從中暗示著人與自然的關係總是若隱若現於我們的視野裏，或於靈魂的守望處將瞬間定格成永恆。

　　掩卷沉思，林明理在教學崗位提前退職後，以詩人兼畫家的才情躍於詩壇。期待她像先賢們那般，每當心遊萬仞，思接千載之際，能在靜觀萬物中隨風理弄出雲一樣的思緒，心隨筆管寫意著生命歷程中的軌跡印痕。有道是：一吟一詠、一筆一墨、一片月色、一樹寒梅、或者一杯清茶、一份禪意……人生，果真擁有這樣"有意味"的景致，相信就能詩意地安居，那是多麼令人心馳神往的理想家園！

── 寫於 2009 年中秋　泉石堂
── 刊登廣西大學文學院主辦《閱讀與寫作》，2010 年第 2 期

　　【莊偉傑】復旦大學中文系博士後，現任華僑大學華文學院教授，澳洲華文詩人筆會會長，中外散文詩學會副主席。曾獲第十三屆"冰心獎"理論貢獻獎等多種文藝獎。

附錄五：

作者近四年來文學作品目錄

〈2007-2011 秋季〉

1. 南京《南京師範大學文學院學報》，2009 年 12 月 30 日出版、總第 56 期。
2. 《安徽師範大學學報》，第 38 卷，第 2 期總第 169 期，2010.03。
3. 江蘇省《鹽城師範學院學報》，第 31 卷，總第 127 期，2011.01 期。
4. 福建省《莆田學院學報》，第 17 卷，第 6 期，總第 71 期，2010.12。
5. 湖北省武漢市華中師範大學文學院主辦《世界文學評論》〈集刊〉／《外國文學研究》〈AHCI 期刊〉榮譽出品，2011 年 05 月，第一輯〈總第 11 輯〉，頁 76-78。
6. 山東省《青島大學學院學報》，第 28 卷，第 2 期，2011 年 6 月。
7. 廣西大學文學院主辦《閱讀與寫作》，328 期 2010.01、322 期 2009.07。
8. 西南大學中國新詩研究所主辦《中外詩歌研究》，2009 第 2 期、2010 第 3 期。
9. 江蘇省社會科學院主辦《世界華文文學論壇》、2009 第 4 期、2010 第 3 期、2011 第 2 期。
10. 上海市《魯迅研究月刊》，2011 夏，上海社會科學院出版社。
11. 北京中國人民大學主辦《當代文萃》，2010.04，發表詩 2 首。

12. 全國核心期刊山東省《時代文學》，2009 第 2、6、12 期共 3
期封面推薦詩歌 19 首及詩評 7 篇。

13. 山東省作協主辦《新世紀文學選刊》2009.08、11、2009 增刊，
2010.01、03、2011 增刊，發表詩歌 28 首及評論 3 篇。

14. 河北省作協主辦《詩選刊》2008.9、2009.07、2010.04，發表 6
首詩及詩評綠蒂 1 篇。

15. 新疆省優秀期刊《綠風》詩刊 2009 第 3 期、2010 第 3 期，發
表 10 首詩。

16. 遼寧省作協主辦《詩潮》詩刊，2009.12、2010.02、2011.02 期
封面底來訪合照照片之一〈後排〉，發表詩 4 首及詩評綠蒂。

17. 香港《圓桌詩刊》，第 26 期，2009.09，發表詩評余光中 1 篇，
詩 2 首。

18. 香港《香港文學》，2010.03，發表 9 首詩、畫 1 幅。

19. 安徽省文聯主辦《安徽文學》，2010.02，發表詩 2 首。

20. 天津市作家協會主辦《天津文學》2009.12、2011.01，發表詩
14 首。

21. 北京《老年作家》，2009 年第 4 期、2009.12、2011.01 封面推
薦、2011.02 期發表書評。

22. 大連市《網絡作品》、2010.第 3 期，發表詩歌 4 首。

23. 湖北省作協主辦《湖北作家》2009、秋季號，總第 32 期，發
表書評古遠清教授 1 篇。

24. 中共巫山縣委宣傳部主辦《巫山》大型雙月刊，2010.02、
2010.04，發表詩 2 首及畫作 2 幅。

25. 山東省蘇東坡詩書畫院主辦《超然詩書畫》，總第 1、第 9 期，
發表詩畫，《超然》詩刊，總第 12 期 2009.12、13 期 2010.06、
15 期 2011.06，發表詩 17 首。

26.美國《poems of the world》季刊，2010-2011 夏季，發表譯詩 6 首。

27.中國《黃河詩報》，總第 5 期，發表詩 3 首。

28.山東省《魯西詩人》，2009.05，發表詩 4 首。

29.香港《台港文學選刊》，2008.09 發表詩 5 首，2009 發表詩歌。

30.美國《亞特蘭大新聞》，2010.02-2011.07 發表 8 篇評論及詩 1 首。

31.美國《新大陸》雙月詩刊，任名譽編委，2009 第 110 期迄今發表詩 28 首。

32.《中國微型詩萃》第二卷，香港天馬出版，2008.11，及《中國微型詩》25 首。

33. 臺灣省《國家圖書館館訊》特載，2009.11 發表書評 1 篇。

34. 臺灣省"國圖"刊物，《全國新書資訊月刊》2010.03 起至 2011.07，第 135、136、137、138、140、142、143、144、146、147、148、149、150、151 期，發表詩評及書評共 14 篇。

35.臺灣《創世紀》詩雜誌，160-167 期〈至 2011 秋季，發表詩 13 首，及詩評 13 篇。

36.臺灣《文訊》雜誌，2010.1、03、7、12〈發表評論 4 篇〉。

37.臺灣《笠》詩刊，2008 起，第 263-283 期〈至 2011 秋季止詩發表 42 首及詩評 7 篇〉。

38.臺灣 中國文藝協會《文學人》季刊，2010-2011，發表詩 7 首及評論 2 篇。

39.臺灣《文學臺灣》，第 72-78 期〈至 2011 秋季〉，發表詩 8 首。

40.臺灣《新原人》，2010 夏季號，發表詩 2 首。

41.臺灣 佛光大學文學院中國歷史學會《史學集刊》，第 42 集

2010.10，發表書評〈概觀吳鈞《魯迅翻譯文學研究》有感〉。

42.臺北市保安宮主辦，《大道季刊》2011.01，發表古蹟旅遊論述。

43.臺灣《乾坤》詩刊，2010-2011 秋季，第 50-59 期，發表詩 31 首及詩評 7 篇。

44.臺灣《秋水》詩刊，2008-2011.07 止，發表詩 20 首及詩評 3 篇，第 137-150 期。

45.臺灣《人間福報》副刊，詩 2008-2011.07 止，刊登詩 53 首、散文小品等 32 篇。

46.臺灣高雄市《新文壇》季刊，至 2011 夏季，發表詩 20 首及詩畫評論 5 篇。

47.山東省作協主辦《新世紀文學選刊》，2009 年擔任刊物的封面水彩畫家一年，獲其主辦文學筆會「詩歌一等獎」證書。2009.08 至 2010.03 共發表詩 28 首，詩評 3 篇。

後　　記

　　本書大多是我近 4 年從事詩歌創作的一個結集。出版前曾得
到了前山東大學文學院吳開晉院長、副院長耿建華教授、現任外
語系吳鈞教授及臺灣省"中國文藝協會"理事長綠蒂先生的支
持，特此致謝；並感謝海內外各刊物主編及詩友、教授們的鼓勵，
最後僅向文史哲發行人彭正雄先生及雅雲為本書所付出的辛勞致
意。

2011 年 8 月